Hans Maier

Welt ohne Christentum – was wäre anders?

HERDER / SPEKTRUM

Band 4721

Das Buch

Vor nahezu 2000 Jahren kam das Christentum in die Welt. Nahezu zwei Jahrtausende hat es die Gesellschaften des Abendlands geprägt. Am Beginn des dritten Jahrtausends wächst die Welt stärker denn je zusammen. Verschieden geprägte Kulturen stehen im stärkeren, unmittelbaren Vergleich, und gerade angesichts eines rasanten Wandels in verschieden und plural geprägten Gesellschaften wird bewußter nach der eigenen Tradition und Identität gefragt. Welche Rolle spielt dabei für uns das Christentum? In einer Zeit, in der der christliche Glaube in unserer säkularen, pluralistischen Gesellschaft immer folgenloser und öffentlich belangloser zu werden scheint, in der er von vielen kaum mehr wahrgenommen und beachtet wird und andererseits die Frage nach dem christlichen Profil in der modernen Gesellschaft verschärft auftaucht, stellt Hans Maier – ohne die aktuelle Debatte aus dem Blick zu verlieren – die Frage anders: Wie sähe unsere Gesellschaft, unsere Kultur denn aus – ohne das Christentum? Was wäre anders in unserem Bild vom Menschen, im Recht, in der Politik, in unserer Einschätzung der Arbeit, in unserem Verhältnis zur Natur, unserer Auffassung der Zeit, in unserer Art, Menschen zu sehen und zu behandeln, in unserem Repertoire, Wirklichkeit zu deuten und zu gestalten?

Hans Maier, langjähriger Inhaber des berühmten Romano Guardini-Lehrstuhls, hat sich lange Jahre systematisch und historisch mit den Beziehungen zwischen Christentum und Kultur beschäftigt. Er wendet jetzt die Ergebnisse und Einsichten einer intensiven Forschungstätigkeit in einem spannend geschriebenen, sprachlich und inhaltlich brillanten Essay an. Er zieht keine abschließende Bilanz, aber er gibt Stoff zum Nachdenken. Er zeichnet Spuren der Vergangenheit auf – aber nicht nur. Er leistet mit diesem Buch auch einen überraschend konkreten und erhellenden Beitrag zur Debatte um unsere künftige Identität. Nicht nur ein Beitrag zum besseren Verständnis der Geschichte, sondern auch ein Beitrag dazu, was in unserer Gesellschaft auf dem Spiel stünde – falls es das Christentum nicht mehr gäbe.

Der Autor

Hans Maier, geb. 1931, em. Professor für christliche Weltanschauung, Religions- und Kulturtheorie an der Universität München. Zahlreiche Veröffentlichungen. Bei Herder/Spektrum: Die christliche Zeitrechnung (Band 4018); Politische Religionen. Die totalitären Regime und das Christentum (Band 4414); Wie universal sind die Menschenrechte? (Band 4457)

Hans Maier

Welt ohne Christentum – was wäre anders?

Herder
Freiburg · Basel · Wien

Gedruckt auf umweltfreundlichem
chlorfrei gebleichtem Papier

Originalausgabe

Alle Rechte vorbehalten – Printed in Germany
© Verlag Herder Freiburg im Breisgau 1999
Satz: Barbara Herrmann, Freiburg
Druck und Bindung: Freiburger Graphische Betriebe 1999
Umschlaggestaltung: Joseph Pölzelbauer
Umschlagbild: Pierre Hemmel d'Andlau. Adam au jardin du Paradis,
vers 1470 (detail). Strasbourg. Musée de l'œuvre Notre Dame
Autorenfoto: © porträt-studio meinen gmbh
ISBN 3-451-04721-7

Christus ist nicht der Ordner der Welt. Er ist unsere tödliche Freiheit.
Reinhold Schneider

Die Forderung, auf den Haß zu verzichten, war eine Herausforderung des Christentums an die menschliche Natur und ist es geblieben.
Leszek Kolakowski

Das Christentum ist keine geschichtliche Größe: die Geschichte vielmehr ist eine christliche Größe.
Henri de Lubac

Inhalt

Vorwort

Gesetzt den Fall, es gäbe das Christentum nicht und hätte es nie gegeben – wie sähe unsere Welt dann aus? Wäre sie besser, wäre sie schlechter? Darüber wird man lange spekulieren können. Sicher ist, daß sie *anders* wäre – auf diese Feststellung könnten sich Christen wie Nichtchristen wohl ohne Mühe einigen. Auf welche Weise anders: das will dieses kleine Buch an ein paar Beispielen (Menschenbild, Zeit, Arbeit, Natur, Staat, Künste) verdeutlichen.

Im ersten Teil versuche ich einzelne Spuren des Christentums in der Geschichte und in der Gegenwart sichtbar zu machen. Diese Spuren gehen auf Wechselwirkungen zwischen „Kirche" und „Welt" zurück. Das Christentum löst Wirkungen aus in einer Welt, die hinter dem christlichen Impuls zurückbleiben, die ihn aber auch einholen, ja über ihn hinausgehen, ihm widersprechen, ihn korrigieren kann – was dann wiederum zu neuen Reaktionen der Kirche führt. Für dieses Spiel der Interaktionen reichen gängige Begriffe wie Christianisierung (oder, als Gegenstück, Säkularisierung) nicht aus.

Christentum – das ist ein unberechenbarer Impuls. Was daraus wird im Lauf der Zeiten, hängt von der Entscheidung vieler Menschen ab. Kein göttlicher Regisseur entmündigt die Freiheit der menschlichen Spieler. Und der Ausgang des Spiels bleibt offen, solange die Geschichte andauert.

Im zweiten, kürzeren Teil wird der Versuch gemacht, die Wechselwirkungen zwischen Welt und Kirche ausdrücklich *wegzudenken*, sich also in Gedanken eine Welt vorzustellen, die nur um ihre eigene Achse kreist – ohne noch in irgendeiner Weise betroffen zu sein von Form und Anstoß, Bann und Widerspruch des Christentums. Was in einer solchen Welt *anders* wäre als in der heutigen, wird in einer Skizze wenigstens angedeutet – die Leser mögen das Bild aus eigener Beobachtung und Vorstellung ergänzen und vervollständigen.

Frau Angelika Mooser-Sainer (München) danke ich herzlich für die zuverlässige Herstellung der Druckvorlage, Herrn Dr. Rudolf Walter (Freiburg) für sein sanftes, aber wirksames Drängen auf Fertigstellung des Manuskripts.

München, im Herbst 1999   Hans Maier

I.

Spuren des Christentums

1. Menschenbild

Das Elend zeugt die Verzweiflung,
der Dünkel zeugt die Hoffart.
Die Größe des Heilmittels, das nötig war,
die Menschwerdung,
zeigt dem Menschen das Maß seines Elends.
  Blaise Pascal

Das Christentum führt den Gekreuzigten im Schilde. Gegen alle Erwartungen einer „natürlichen Religion" stellt es den Gläubigen eine Extremsituation vor Augen: den Menschen, zerrissen zwischen Himmel und Erde, den leidenden und sterbenden Gottesknecht. Das anstößige Symbol des Kreuzes hält diesen Ursprung für alle Zeiten fest, so blaß und verwischt seine Präsenz in unserer Epoche auch sein mag. So herrschen im christlichen Menschenbild nicht die Elemente der Natur, des organisch Gewachsenen, Wohlgeratenen, Vollendeten vor (wie bei den Griechen), vielmehr sieht das Neue Testament die Menschen unter mancherlei Winkeln der Fragwürdigkeit: Es sind Arme, Kranke, Leidgeplagte, Irregeleitete, Besessene, die uns hier begegnen – Abbilder jenes „Menschensohnes", der sich für die Sünder hingegeben hat, der die Leiden der Menschen annahm und in dem, nach der prophetischen Weissagung, „nicht Gestalt noch Schönheit" war.

Armut, Krankheit, Besessenheit

Wie wird der Mensch in den Texten der Evangelien gesehen? Erzählt wird von einfachen Menschen in einfa-
chem Ton. Es begegnen uns Handwerker, Fischer, Sol-
daten, Zöllner, Dirnen – Menschen also, die nach den
Stilregeln der antiken Welt überhaupt keinen Anspruch auf literarische Gestaltung und Überlieferung
hatten, es sei denn in der Komödie.[1] Einfache Leute
aus den unteren Schichten – sie kommen in den Evangelien nicht nur vor, sie spielen sogar eine beherrschende Rolle; selten genug, daß sich einmal ein paar
Höhergestellte in die neutestamentlichen Schriften
verirren (und im allgemeinen machen sie dort keine
gute Figur). Und zu den einfachen Menschen kommen
die an den Rand Gerückten hinzu, diejenigen, die ihr
Leben nicht voll verwirklichen können, Kranke, von
Dämonen Besessene, schuldig Gewordene, Verachtete,
Ausgeschlossene.[2] Auch Jesus selbst, der Wanderpredi-
ger, der oft nicht weiß, wo er sein Haupt hinlegen soll,
der keine Einkünfte hat und von Almosen lebt, gehört,
obwohl aus Davids Stamm geboren, zu den Niedrigen;
er ist der Sohn eines Zimmermanns, und seine Heimat
ist so unbedeutend, daß viele fragen, ob denn aus Na-
zareth etwas Gutes kommen könne.

Es sind also die Armen, Kranken, Niedrigen, die in
den neutestamentlichen Schriften eine besondere Rolle spielen; die Kleinen hat Gott auserwählt; die Reichen ließ er leer ausgehen. Doch damit nicht genug:
Der Mensch, wie die Evangelien ihn sehen, ist nicht
nur krank, er wird auch von Dämonen geplagt, er ist

---

1 Erich Auerbach, Mimesis, Bern 1946 u. ö., 31 ff., 46 ff.
2 Joachim Gnilka, Jesus von Nazaret. Botschaft und Geschichte,
   Freiburg 1990, 175 ff.

nicht Herr seiner selbst, fremde Geister rauben ihm seine Selbstbestimmung. Und er ist verloren, entwurzelt: verloren „wie ein Schaf, das sich verirrt hat, wie ein Groschen, der davongerollt ist, wie ein Sohn, der davongelaufen ist".[3] Lauter Fehler, Lücken, Mängel scheinen das Eigentümliche dieses Menschenbildes auszumachen – nicht zufällig hat der aus der Welt gefallene Arme (Lazarus), die von den Pharisäern abgelehnte Sünderin (Magdalena), der von den Landsleuten verachtete Zöllner einen Platz im Herzen der neutestamentlichen Erzählungen. Das sind nicht Subproletarier, unanständige, unmoralische Leute, und Jesus hält nicht aus einem Hang zum Niedrigen und Immoralischen zu ihnen. Jesus inmitten der Sünder: Das heißt nicht, daß Jesus eine Vorliebe zu den Deklassierten, Zerstörten, zur Unterwelt oder Halbwelt hätte. Es heißt auch nicht, daß die Menschen Sünder werden müßten, um ihm näherzukommen. Wir müssen nicht Sünder werden, um Jesus zu verstehen; aber wir *sind* Sünder – so lautet die Botschaft; und die Überlegenheit der Armen und Deklassierten liegt darin, daß sie es schon wissen, während sich die Wohlmeinenden noch mit den Unterscheidungen des Anständigen und Unanständigen, mit der Sphäre des Moralischen zufriedengeben. Wer am Rand der Gesellschaft lebt, ist offener für das Heil – zumindest *kann* das so sein: so ist das Evangelium zu verstehen. Niemand soll ausgeschlossen werden, auch der Verlorenste hat Gelegenheit zur Umkehr, alle werden angenommen – über die Grenzen einer starren Gesetzlichkeit hinweg. So ist Christentum mehr als Ethik und Moralsystem – ja mehr als Religion; es wendet sich *an alle*, und es setzt

---

3 Erik Peterson, Was ist der Mensch? in: Peterson, Theologische Traktate (1951), Neuausgabe Würzburg 1994, 131–139 (136).

zugleich, indem es an die Bereitschaft zur Umkehr appelliert, auf den *einzelnen*.

Daß Arme, Kranke, Besessene, Häßliche und Niedrige zu den Adressaten der frohen Botschaft gehören, daß auch den letzten von ihnen, die am Rand der Welt leben, der Ruf des Menschensohnes gilt – das hebt das biblische Menschenbild ab vom griechischen Ideal der Schönheit und Wohlgeratenheit, vom „Menschen des Agon, der seinen nackten Leib der Sonne preisgibt ..." Dort gehören Krankheit, Häßlichkeit, Verfall kaum zum Menschen; hier dagegen treten sie auffallend stark hervor. „Der Mensch wird (in der Bibel) nicht gesehen, soweit er normal und gesund ist, sondern soweit er physisch defekt ist. Krankheit gehört mit zur Bestimmung des Menschen, der vor dem Menschensohn da ist."[4] Man vergleiche damit die Angst vor dem Abnormen bei Griechen wie Römern. „Eine Mißgeburt ist nicht nur, wie heute, ein Unglück für die Familie, sondern ein Schrecken, der Versöhnung der Götter heischt, für die ganze Stadt, ja für das Volk. Man sollte also nichts Verstümmeltes aufziehen; schon der Verwachsene tat ja gut, wenn er sich stille hielt, weil er sonst einem Aristophanes in die Hände fallen konnte. Aber nach Plato sollten auch kränkliche Leute nicht leben und jedenfalls keine Nachkommenschaft hinterlassen." Nicht zu reden von „der sonstigen Beschränkung der Volksmenge durch Abtreibung, von der Nullität der Sklavenehen, die jedenfalls massenhafte Kindertötung mit sich brachte, von der Kindertötung der Armen ..."[5]

Der Mensch wird im Christentum auf eine neue Weise gesehen. Er wird in seiner Schwäche, Unzuläng-

---

4 Peterson (wie Anm. 3), 133.
5 Jacob Burckhardt, Griechische Kulturgeschichte (Kröner-Ausgabe), Bd. III, 7.

lichkeit, Erbärmlichkeit erkannt und ohne Vorurteile angenommen. „Eine neue Welt im Menschen hat sich in dem Augenblick kundgetan, als eine Hure die Füße Jesu berührte. Aus der moralischen Sphäre wurde die des Sünders, und aus der Schamlosigkeit erwuchs die reuige Liebe; doch diese neue Antwort auf die Frage: ‚Was ist der Mensch?' – wie konnte sie anders als vor dem Menschensohn gewonnen werden? Diese neue Tiefe im Mensch-Sein, wie konnte sie anders sich enthüllen als vor dem, der Mensch geworden ist?" Jesus ist nicht gekommen, Gerechte zu berufen, sondern Sünder zur Buße. So ist auch die moralische Sphäre, die Sphäre der Gerechtigkeit nicht mehr die höchste; höher steht die Liebe, um derentwillen „viel vergeben wird" – eine Liebe, die sich dem Menschen erst erschließt, seitdem „der Menschensohn mit Zöllnern und Sündern zu Tische gesessen hat". „Der Menschensohn, der in die Hände des Menschen überliefert wird, ‚muß vieles leiden' (Lk 9,22). Aber in dem Opfer des Menschensohnes vollzieht sich nun ein Austausch der Begriffe vom Menschen. Es stirbt der alte Mensch mit seinen Fanghänden, und es ersteht der neue Mensch, der sich opfert. Wer also eine klare Antwort auf die Fragen haben will: ‚Was ist der Mensch?', dem ist sie in dem ‚Ecce homo' des mit Dornen gekrönten Menschensohnes gegeben."[6]

Christliches Zusammenleben

Das frühe Christentum nimmt diese Linien auf; es entwickelt Formen des Zusammenlebens, die sich von den Gewohnheiten seiner Umgebung deutlich ab-

6 Peterson (wie Anm. 3), 136–138.

heben.[7] Neue charakteristische Elemente treten hervor: die Aufhebung sozialer Schranken; die Praxis des Miteinander (allelon); die Bruderliebe, die Feindesliebe – endlich das Verständnis der Gemeinde als Gemeinschaft der Heiligen in der Welt und als Zeichen für die Völker. Dabei kann sich christliches Bewußtsein in der frühen Kirche in sehr verschiedenen Formen äußern: im solidarischen In-der-Welt-Sein wie in der geheimen Zugehörigkeit zum „Reich in den Himmeln"[8] – oder auch schon, in Abgrenzung zum Leben der Ungläubigen, ihren Theatern, Spielen, Ausschweifungen, Götzenopfern, im Sinne einer Alternativ- und Zukunftsgesellschaft, die sich bereithält für künftige Aufgaben, die sich anschickt, alte, verbrauchte Formen der Gesellschaft abzulösen.[9] Im Modell ur- und frühchristlichen Zusammenlebens – die erste Gemeinde redet aus dem Geist und tut Wunder, sie teilt alles miteinander[10] – steckt sowohl die Kraft langsamer Evolution wie die Gewalt revolutionärer Zuspitzung. Und so tritt auch das christliche Gemeindebewußtsein in der Geschichte in kontrastierenden

---

7 Ludger Schenke, Die Urgemeinde. Geschichtliche und theologische Entwicklung, Berlin-Köln 1990, 81 ff.; Walter Kirchschläger, Die Anfänge der Kirche. Eine biblische Rückbesinnung, Graz-Wien-Köln 1990, 45 ff.; Anton Vögtle, Lorenz Oberlinner, Anpassung oder Widerspruch. Von der apostolischen zur nachapostolischen Kirche, Freiburg-Basel-Wien 1992; Gerhard Lohfink, Wie hat Jesus Gemeinde gewollt? Freiburg u. a. 1982, Neuausgabe 1993; Ernst Dassmann, Christliche Innovationen am Beginn der Kirchengeschichte, in: Stimmen der Zeit, Juli 1995, 435–446.

8 Peter Guyot, Richard Klein, Das frühe Christentum bis zum Ende der Verfolgungen, Bd. 1: Die Christen im heidnischen Staat, Darmstadt 1993, 246 f.

9 In diese Richtung geht dann konsequent – bei aller Betonung der permixtio, des Ineinander von Welt und Kirche in ihrem irdischen Lauf – Augustins De civitate Dei; vgl. bes. XV, 5,7 und XIX, 13,17.

10 Apg 2, 43–45.

Formen auf: als Element des Alltäglich-Selbstverständlichen wie als jäher pneumatischer Einschlag, als konkrete Gegenwart christlichen Lebens wie als Erinnerung an einen verpflichtenden, immer wieder vom Vergessen bedrohten Ursprung.

War das frühe Christentum eine Zeit der Distanz, der Kritik an der umgebenden Kultur, der Erwartung des Weltendes und der Wiederkunft Christi, so kehrten sich in der Folgezeit die Akzente um. Mit der Entstehung einer christlichen Gesellschaft in Ost- und Westrom, später im Norden, Nordwesten und Osten Europas erwachte eine stärkere Weltaktivität der Christen. Mit dem Christlich-Werden ganzer Völker wuchs die Kirche im Abendland aus ihrer alten Minderheits- und Diasporasituation heraus. Kirche und Staat begannen die Menschen eines bestimmten Raumes gemeinsam zu umfassen. Eine Identifikation der Kirche mit der politischen Gemeinschaft des Volkes wurde möglich. Christliche Impulse wirkten vielfältig in die Öffentlichkeit hinein. Der Staat wurde zum erweiterten Leib des Kirchenvolkes. Was wir heute „Volkskirche" nennen, nimmt seinen Anfang von dieser historischen Konstellation.

Im Unterschied zur antiken Anschauung, die mit Herren und Sklaven als einem selbstverständlichen, „natürlichen" Faktum rechnete, war das Vorhandensein von Herrschafts- und Diensträngen in einer vom Christentum geprägten Gesellschaft nicht einfach eine naturhafte, mit der Geburt gegebene Tatsache. So mußte sich der jeweilige Herrschaftsträger vor seinen Mitmenschen und vor Gott verantworten, da er seine Herrschaft als Amt und Auftrag, als „Lehen", nicht als willkürlichen Besitz innehatte. Hierin lag die Möglichkeit einer Auflockerung der starren herrschaftlichen Gliederung, ihrer Verwandlung in eine Ordnung, in der sich eine allseitige Verantwortlichkeit entwikkeln konnte. Kirche und geistlicher Stand waren an diesem Prozeß in doppelter Weise beteiligt. Einmal war der Klerus selbst – in Grenzen – ein Aufstiegsstand. Sodann hielt die kirchliche Predigt und Erziehung über der Vielfalt hierarchischer Rangstufen, der Pracht und dem Stolz der Mächtigen immer wieder den Gedanken der evangelischen Gleichheit wach. Diese Vorstellung begann vor allem im hohen und späteren Mittelalter wirksam zu werden. Sie wurde zum Ferment einer geistigen und politischen Neugestaltung. In den Totentanzdarstellungen malte sich die Zeit das Gegenbild ihrer purpurn-hochmütig einherschreitenden ständischen Ehren und Würden. Der große Rollentausch am Jüngsten Tag war ein Leitmotiv in der Predigt der Bettelmönche. So differenzierte die Kirche das adelig-bäuerliche Herrschaftsgefüge, formte es aus einer Beziehung von Gewalt und Gehorsam zu einem Verhältnis gegenseitiger Rechte und Pflichten um. Erst dadurch konnten aus Machtträgern und Machtunterworfenen „Stände" innerhalb eines größeren Ganzen werden. Unreflektierte Machtausübung wurde zur Wahrnehmung eines „Amtes". Noch die reformatorische Sittenlehre und in ihrer Fortsetzung die christliche Staatslehre eines Seckendorff stand in dieser Tradition, wenn sie die weltlichen Stände, Obrigkeiten und Untertanen in eine christliche Ordnung eingefügt und durch „allgemeine Vergliederung und Einleibung in die Gemeinschaft der Kirche" zu einem „geistlichen Leibe" verbunden sah.[11]

So versteht man, daß sich im Schoß der Kirche eine Vielzahl von Tätigkeiten entwickelte, die wir heute eher dem Staat zuschreiben: Personenstandswesen, Sorge für Arme und Kranke, Einrichtungen der Erzie-

---

11 Veit Ludwig von Seckendorff, Christen-Stat, Leipzig, 1685, 268 ff.

hung, Bildung, Wissenschaft. Das waren keine Usurpationen. Dem Staat – der noch kaum existierte – wurde nichts weggenommen. Vielmehr entstanden diese Tätigkeiten unmittelbar aus dem Eingehen der Kirche in die Welt. Sie standen im Dienst einer sich allmählich ausformenden christlichen Ordnung des Lebens. So der Personenstand: Der einzelne wurde – über Familie, Sippe, Stand hinaus – in seiner Individualität erkannt. So Erziehung und Bildung: Die breite Wirkung christlicher Lehre wäre nicht möglich gewesen ohne sie. So das Armen- und Krankenwesen: In einer christlichen Umwelt durfte kein Mensch ins Leere fallen. Hier sind Elemente moderner politischer Kultur vorgeprägt. Noch in der Neuzeit, ja bis in die Gegenwart hinein, orientieren sich Sittenordnung und Gesetzgebung an diesem Kanon des christlichen Lebens.

So hinterläßt das biblische Menschenbild deutliche Spuren in der Geschichte des modernen Rechts-, Sozial-, Kulturstaats.[12] Das Bild des leidenden, geopferten Menschensohnes hält die Erinnerung wach an die Leidenden und Armen – und an die Pflichten der Gesunden, Reichen, Mächtigen ihnen gegenüber. Das Kreuz wirft die Frage auf nach dem Sinn von Leid und Tod. Mit Recht ist vor wenigen Jahren im Streit um den Kruzifix-Beschluß des Bundesverfassungsgerichts an diese Tatsachen erinnert worden: „Das Kreuz in seiner sublimierten Darstellung des Leides, das die Nichtleidenden und Satten an die Existenz des Leides mahnen, die Leidenden jedoch trösten soll, hat doch hier – in Kinderzimmern und Unterrichtsräumen – vor allem erzieherischen Zweck: Wenn das Leid bei den Kindern der Satten aus der Sicht gerät, dann werden diese Kin-

---

12 Siehe unten S. 108 ff.

der zu Mitleidlosen. Denn wo kein Leid ist, kann auch kein Mitleid entstehen."[13]

Verrat an der Erde?

Der Einschlag christlichen Mitleidens in der Sozialethik der Moderne ist in der Tat kaum zu übersehen. Diese Tatsache hat freilich auch Irritationen ausgelöst und Widerspruch gefunden. Unter den modernen Kritikern des Christentums hat der Pfarrerssohn Friedrich Nietzsche sich am entschiedensten gegen das aufgelehnt, was er als Verlust an Leben, Verrat an der Erde, Demütigung der Gesunden durch die Kranken, als Ressentiment und Décadence empfand.[14] Dem christlichen „Krankengott"[15] setzte er seinen „Übermenschen" entgegen, jene vieldeutige Figur, die im Zara-

---

13 So Ludger Vollmer, Weimar, in einem Leserbrief in der Frankfurter Allgemeinen Zeitung Nr. 200 vom 29. August 1995; vgl. auch Hans Maier (Hg.), Das Kreuz im Widerspruch, Freiburg 1996; Winfried Brugger/Stefan Huster (Hg.), Der Streit um das Kreuz in der Schule, Baden-Baden 1998; Martin Heckel, Das Kreuz im öffentlichen Raum. Zum „Krufizix-Beschluß" des Bundesverfassungsgerichts vom 16. Mai 1995, in: Deutsches Verwaltungsblatt 1996, 453–482; auch in Gesammelte Schriften, hg. von Klaus Schlaich, Bd. IV, Tübingen 1997, 1069–1136.

14 Aus der kaum noch überblickbaren Literatur seien genannt: Karl Jaspers: Nietzsche und das Christentum, Hameln 1946; Ernst Benz: Nietzsches Ideen zur Geschichte des Christentums und der Kirche, Leiden 1956; ders.: Der Übermensch, Zürich 1961; Bernhard Welte: Nietzsches Atheismus und das Christentum, Darmstadt 1958; Eugen Biser: ›Gott ist tot‹. Nietzsches Destruktion des christlichen Bewußtseins, München 1962; ders.: Gottsucher oder Antichrist? Nietzsches provokative Kritik des Christentums, Salzburg 1982.

15 Friedrich Nietzsche, Der Antichrist, 1888, Abschn. 18, in: ders., Werke. Kritische Gesamtausgabe, hg. von Giorgio Colli und Mazzino Montinari, Bd. VI/3, Berlin 1969, 183.

thustra beständig umkreist wird, ohne doch zu einer letzten Eindeutigkeit zu gelangen, und die wohl am präzisesten umschrieben wird als „Ideal eines menschlich-übermenschlichen Wohlseins und Wohlwollens",[16] als „Typus höchster Wohlgerathenheit".[17] Hier wirkt bis in die Wortwahl hinein die griechische _Kalokagathia_ nach, der Zusammenklang von Adel und Vortrefflichkeit – es ist, wie Nietzsche anmerkt, ein neuer Adel, der „allem Pöbel und allem Gewalt-Herrischen Widersacher ist und auf neue Tafeln neu das Wort schreibt ‚edel'".[18] In dieser Welt der Schaffenden gilt das Gesetz der Härte, nicht des Mitleids.[19] Der Übermensch zerbricht das, was das Christentum an Menschenbildern hervorgebracht hat, er zersprengt das, was am Menschen Art, Gattung oder, christlich gesprochen, Geschöpflichkeit ist, und so fallen mit den Menschen-Bildern auch die Menschen-Rechte dahin. Nicht die Menschheit, sondern der höhere Mensch ist das Ziel. Die Ungleichheit der Rechte ist die Bedingung dafür, daß es überhaupt Rechte gibt, denn: „Ein Recht ist ein Vorrecht."[20] „Das Unrecht liegt niemals in ungleichen Rechten, es liegt im Anspruch auf ‚gleiche' Rechte ... Was ist schlecht? Aber ich sagte es schon: Alles, was aus Schwäche, aus Neid, aus Rache stammt. – Der Anarchist und der Christ sind Einer Herkunft ..."[21]

Die neutestamentliche „schlechte Gesellschaft"

---

16 Ders., Ecce homo, 1889, 1908 ersch., Gesamtausgabe Bd. VI/3, Berlin 1969, 336.
17 Ebd., 298.
18 Ders., Also sprach Zarathustra, 1883–1885, III, 11, Gesamtausgabe Bd. VI/1, Berlin 1968, 250.
19 Ebd., I, Vorrede 3 (10); II, Von den Mitleidigen (109 ff.).
20 Nietzsche, Der Antichrist (wie Anm. 15), 241.
21 Ebd., 242.

um Jesus erregt den Widerwillen des zornigen Altphilologen und bekennenden Griechen Nietzsche. Er sieht in dem christlichen Appell „an alle" auflösende Kräfte am Werk, sieht Form und Vornehmheit, das Aristokratische, Herrenhafte der Geschichte verlorengehen. Denn was ist die christliche Revolution im Grunde? Eine „Art Zusammendrängung und Organisation der Kranken auf der einen Seite (das Wort ‚Kirche' ist dafür der populärste Name), eine Art vorläufiger Sicherstellung der Gesünder-Gerathenen, der Voller-Ausgegossenen auf der andern, die Aufreißung einer *Kluft* somit zwischen Gesund und Krank …"[22] „‚Die Herren' sind abgetan; die Moral des gemeinen Mannes hat gesiegt."[23] So steht es in der Schrift „Zur Genealogie der Moral"; mit diesen Worten zieht Nietzsche die Summe aus zweitausend Jahren Christentum. Entdeckt das Neue Testament die Krankheit als Normalzustand des Menschen, predigt Jesus wirklich *allen*, auch den Zöllnern und Sündern, ist überall in der biblischen Verkündigung die große Schar, die Eine Menschheit schon am Horizont erkennbar, so gilt dem allem Nietzsches heftigste Kritik: Gerade *wenn* das Kranke die Normalität des Menschen sein sollte, so argumentiert er, gerade dann muß man die Wohlgeratenen um so strenger vor der „schlechtesten Luft, der Kranken-Luft" behüten. „Thut man das? … Die Kranken sind die größte Gefahr für die Gesunden; *nicht* von den Stärksten kommt das Unheil für die Starken, sondern von den Schwächsten. Weiss man das? … In's Grosse gerechnet, ist es durchaus nicht die Furcht vor dem Menschen, deren Verminderung

---

22 Friedrich Nietzsche, Zur Genealogie der Moral, 1887, Dritte Abhandl. 16, Gesamtausgabe Bd. VI/2, Berlin 1968, 394.
23 Ebd., Erste Abhandl. 9, 283.

man wünschen dürfte; denn diese Furcht zwingt die Starken dazu, stark, unter Umständen furchtbar zu sein, – sie hält den wohlgerathenen Typus Mensch *aufrecht*. Was zu fürchten ist, was verhängnisvoll wirkt wie kein andres Verhängniss, das wäre nicht die große Furcht, sondern der große *Ekel* vor dem Menschen; insgleichen das grosse *Mitleid* mit dem Menschen. Gesetzt, dass diese beiden eines Tages sich begatteten, so würde unvermeidlich sofort etwas vom Unheimlichsten zur Welt kommen, der ‚letzte Wille' des Menschen, sein Wille zum Nichts, der Nihilismus. Und in der That: hierzu ist Viel vorbereitet. Wer nicht nur seine Nase zum Riechen hat, sondern auch seine Augen und Ohren, der spürt fast überall, wohin er heute auch nur tritt, etwas wie Irrenhaus-, wie Krankenhaus-Luft, – ich rede, wie billig, von den Culturgebieten des Menschen, von jeder Art ‚Europa', das es nachgerade auf Erden giebt. Die *Krankhaften* sind des Menschen grosse Gefahr: *nicht* die Bösen, *nicht* die ‚Raubthiere'."[24]

Man versteht von hier aus, weshalb Nietzsche das Christentum als Décadence empfand, warum er im Neuen Testament „lauter kleine Sekten-Wirtschaft, lauter Rokoko der Seele" entdeckte – im Gegensatz zur griechischen Größe und „guten Erziehung", aber auch im Gegensatz zur „heroischen Leidenschaft" und zur „Naivetät des starken Herzens" im Alten Testament.[25] Der christliche Mensch ist nicht nur unvornehm, ein Emporkömmling, ein Décadent, das Christentum nicht nur „Platonismus fürs Volk" – es ist auch zutiefst ambivalent und zweideutig. Das hängt mit Nietzsches Deutung der jüdisch-christli-

---

24 Ebd., Dritte Abhandl. 14, 385 f.
25 Ebd., Dritte Abhandl., 22, 411.

chen Geschichte zusammen. Für ihn ist die christliche Liebe die subtile Verkehrung – aber zugleich auch die äußerste Steigerung – des jüdischen Hasses: Der jüdische Haß, das schöpferisch gewordene Ressentiment werden im Paradox des „Gottes am Kreuz" zu äußerster, letzter Konsequenz getrieben. Wenn Gott selbst sich opfert, ist die Umwertung aller Werte vollzogen, und dies von oben her, also unwiderruflich. Alle „vornehmeren Ideale" müssen vor der „betäubenden Kraft" dieses Mysteriums den Rückzug antreten.[26]

Gott ist tot; aber noch leben die Schatten Gottes in der modernen Zivilisation – die Ideen von Humanität, Fortschritt und Gleichheit, die demokratische Bewegung, in der Nietzsche die Fortsetzung christlicher Impulse erkennt. Hier setzt seine Geschichts- und Gegenwartsdeutung ein.[27] Woher kommt jene Abstraktion des Lebens, die das europäische Dasein beherrscht: als Wissenschaft, Industrie, Masse, Demokratie, Sozialismus? Sie ist offenbar ein Gesamtphänomen, Ausdruck einer kulturverneinenden Macht. Nietzsche gibt ihr einen Namen: Moral – Moral verstanden als lebensfeindliches Leben, als Tötung des Triebs (Freud wird später sagen: Umkehr der Antriebsrichtung). Dies alles ist ein Erbe des Christentums, das Nietzsche als einen Aufstand deutet: einen _Sklavenaufstand der Moral_ gegen das Herrenmenschentum und die gesunde Ungleichheit des antiken Lebens. Als Quelle dieser Moral entdeckt Nietzsche das _Ressentiment_ (auch hierin ist Freud sein Nachfolger): Ressentiment als Haß der Schlechtweggekommenen. Die demokratische und sozialistische Be-

---

26 Ebd., Erste Abhandl., 8, 283.
27 Henning Ottmann, Philosophie und Politik bei Nietzsche, Berlin 1987, 293, 346; Hasso Hofmann, Nietzsche, in: Hans Maier u. a. (Hg.), Klassiker des politischen Denkens, München [5]1987, 276–295 (287 ff.).

wegung ist nichts anderes als eine Tochter der christlichen Moral, die Französische Revolution eine Erbin der christlichen Revolutionierung des Daseins. Alles ist von „Entrüstungspessimismus" erfüllt, vom Instinkt gegen die Herrschenden, gegen die Vornehmen. Die „Gesamt-Entartung des Menschen, hinab bis zu dem, was heute den socialistischen Tölpeln und Flachköpfen als ihr ‚Mensch der Zukunft' erscheint", bereitet sich vor, die „Entartung und Verkleinerung des Menschen zum vollkommenen Heerdenthiere …"[28]

So heißt es am Schluß des dritten Hauptstücks von _Jenseits von Gut und Böse_ von den Christen: „Alle Werthschätzungen _auf den Kopf_ stellen – _das_ mussten sie! Und die Starken zerbrechen, die grossen Hoffnungen ankränkeln, das Glück in der Schönheit verdächtigen, alles Selbstherrliche, Männliche, Erobernde, Herrschsüchtige, alle Instinkte, welche dem höchsten und wohlgerathensten Typus ‚Mensch' zu eigen sind, in Unsicherheit, Gewissens-Noth, Selbstzerstörung umknicken, ja die ganze Liebe zum Irdischen und zur Herrschaft über die Erde in Hass gegen die Erde und das Irdische verkehren – _das_ stellte sich die Kirche zur Aufgabe und musste es sich stellen, bis für ihre Schätzung endlich ‚Entweltlichung', ‚Entsinnlichung' und ‚höherer Mensch' in _Ein_ Gefühl zusammenschmolzen. Gesetzt, dass man mit dem spöttischen und unbetheiligten Auge eines epikurischen Gottes die wunderlich schmerzliche und ebenso grobe wie feine Komödie des europäischen Christenthums zu überschauen vermöchte, ich glaube, man fände kein Ende mehr zu staunen und zu lachen: scheint es denn nicht, daß _Ein_ Wille über Europa durch achtzehn Jahrhun-

---

28 Friedrich Nietzsche, Jenseits von Gut und Böse, 1886, Fünftes Hauptstück, 203, Gesamtausgabe Bd. VI/2, Berlin 1968, 129.

derte geherrscht hat, aus dem Menschen eine *sublime Missgeburt* zu machen? Wer aber mit umgekehrten Bedürfnissen, nicht epikurisch mehr, sondern mit irgend einem göttlichen Hammer in der Hand auf diese fast willkürliche Entartung und Verkümmerung des Menschen zuträte, wie sie der christliche Europäer ist (Pascal zum Beispiel), müsste er da nicht mit Grimm, mit Mitleid, mit Entsetzen schreien: ‚Oh ihr Tölpel, ihr anmassenden mitleidigen Tölpel, was habt ihr da gemacht! War das eine Arbeit für eure Hände! Wie habt ihr mir meinen schönsten Stein verhauen und verhunzt! Was nahmt *ihr* euch heraus!' – Ich wollte sagen: das Christenthum war bisher die verhängnissvollste Art von Selbst-überhebung. Menschen, nicht hoch und hart genug, um *am Menschen* als Künstler gestalten zu dürfen; Menschen, nicht stark und fernsichtig genug, um, mit einer erhabenen Selbst-Bezwingung, das Vordergrund-Gesetz des tausendfältigen Mißrathens und Zugrundegehns walten zu *lassen*; Menschen, nicht vornehm genug, um die abgründlich verschiedene Rangordnung und Rangkluft zwischen Mensch und Mensch zu sehn: – *solche* Menschen haben, mit ihrem ‚Gleich vor Gott', bisher über dem Schicksal Europa's gewaltet, bis endlich eine verkleinerte, fast lächerliche Art, ein Heerdenthier, etwas Gutwilliges, Kränkliches und Mittelmässiges herangezüchtet ist, der heutige Europäer ..."[29]

Soweit Nietzsche. Der Terminus des Ressentiments erlaubt es ihm, Judentum und Christentum, religiöse und säkulare Eschatologien, kirchliche und weltliche Gleichheits- und Fortschrittsbewegungen in einem energischen Rundumschlag gleichzusetzen: ein angesichts der verwickelten historischen Zusam-

---

29 Ebd., Drittes Hauptstück, 62, 80 f.

menhänge allzu simples, die Unterschiede zwischen Antike, Mittelalter und Moderne unbillig vernachlässigendes und verwischendes Verfahren. Gewiß wirkt die Essenz christlicher Gleichheitsvorstellungen bis in die Moderne hinein, und gewiß hat das christliche Menschenbild universalistische Vorstellungen eines „Rechts der Menschheit" entbinden helfen – so wie noch Sozialgesetzgebung und Sozialstaat des 20. Jahrhunderts christliche Postulate der Nächstenliebe, des Schutzes der Schwachen usw. mit weltlichen Mitteln eingelöst haben.[30] Dennoch geht es nicht an, die Gleichheit vor Gott mit der politischen Gleichheit der Moderne einfach zu identifizieren[31]. Auch kommt die eigentümliche dialektische Beziehung von Kirche und Welt, die Abfolge gegenseitiger Anziehung und Abstoßung in der Geschichte des Christentums in Nietzsches spiritualistischer Gipfelwanderung vom jüdisch-paulinischen, priesterlich-mönchischen zum liberalen, sozialistischen und anarchistischen Ressentiment nicht in den Blick. Das Christentum hat ebenso zur „Entheiligung" (besser Entdämonisierung) des (antiken) Staates beigetragen wie umgekehrt auch zum Aufbau wesentlicher Elemente moderner Staatlichkeit.[32] Die Kategorie der „Entnatürlichung" ist viel zu pauschal, um zweitausend Jahre christlich-sä-

---

30 Hans Günter Hockerts, Sozialpolitische Entscheidungen im Nachkriegsdeutschland, Stuttgart 1980; Norbert Blüm/Hans F. Zacher (Hg.), 40 Jahre Sozialstaat Bundesrepublik Deutschland, Baden-Baden 1989; Gerhard A. Ritter, Der Sozialstaat. Entstehung und Entwicklung im internationalen Vergleich, München 1989.

31 So mit Recht Ottmann, 322 ff.; vgl. auch Hans Maier, Freedom and Equality in the Political Theory of the European Enlightenment and its Projection into the French Revolution. In: Freedom and Authority in the West. Ed. and with a Foreword by George N. Shuster, Notre Dame-London 1967, 127 ff.

32 Siehe unten S. 108 ff.

kularer Geschichte zu beschreiben oder gar zu entschlüsseln.

Und ist die christliche Liebe wirklich nur die feinste Blüte des Ressentiments? Trägt sie nicht eigene, unverwechselbare Züge? Unterscheidet sie sich nicht grundlegend von der antiken Liebesidee? Max Scheler hat darauf hingewiesen, daß „Liebe" für die Griechen „ein zur sinnlichen Sphäre gehöriger Tatbestand" ist, „... eine Form des ‚Begehrens', ‚Bedürfens' usw., die dem vollkommensten Sein nicht eigen ist ... Liebe ist ein Streben, eine Tendenz des ‚Niederen' zum ‚Höheren', des ‚Unvollkommneren' zum ‚Vollkommneren', des ‚Ungeformten' zum ‚Geformten' ..." Wären wir Götter, sagt Platon, würden wir nicht lieben. Demgegenüber findet im Christentum etwas statt, was Scheler die „Bewegungsumkehr der Liebe" nennt. Jetzt soll sich die Liebe „gerade darin erweisen, daß das Edle sich zum Unedlen herabneigt und hinabläßt, der Gesunde zum Kranken, der Reiche zum Armen, der Schöne zum Häßlichen, der Gute und Heilige zum Schlechten und Gemeinen, der Messias zu den Zöllnern und Sündern – und dies *ohne* die antike Angst, dadurch zu verlieren und selbst unedel zu werden, sondern in der eigentümlich frommen Überzeugung, im Aktvollzug dieses ‚Beugens', in diesem Sichherabgleitenlassen, in diesem ‚Sichverlieren' das Höchste zu gewinnen – Gott gleich zu werden." So verschiebt sich das Bild: „Das ist nicht mehr eine Schar zur Gottheit emporrennender und dabei sich überflügelnder Dinge und Menschen: das ist eine Schar, deren jedes Glied auf das Gott fernere zurückschaut, ihm hilft und dient – und eben darin der Gottheit gleich wird ..." So ist die Wurzel der christlichen Liebe vom Ressentiment gänzlich frei – was nicht ausschließt, daß vom Ressentiment getriebene Personen die christliche Liebe mißbrauchen, den Ausdruck der Liebe vortäuschen können.[33]

Mann und Frau

Die „Bewegungsumkehr der Liebe" hat noch eine andere, heute fast vergessene Wirkung: Sie überwindet in einem langsam und stetig voranschreitenden Prozeß die in den alten Kulturen vorherrschende Asymmetrie der Geschlechter.[34] Das betrifft vor allem die Minderstellung der Frauen gegenüber den Männern. So wie rechtliche Ungleichheit und Sklaverei „von Natur" im Christentum auf Dauer nicht bestehen können – auch wenn die Überwindung Zeit braucht und Rückfälle selbst in modernen Zeiten häufig sind! –, so bleibt es in christlichen Zeiten auch nicht bei einer undiskutierten Vorherrschaft des Mannes und einer bedingungslosen Unterordnung der Frau. Indem das Christentum den Mann wie die Frau als Bild Gottes versteht, schafft es für die Geschlechter eine „Unmittelbarkeit zu Gott" – jenseits der naturhaften Rollen und sozialen Bindungen. Die Mutter, aber auch die Jungfrau, die Witwe, aber auch die Unfruchtbare – sie alle können künftig Heil (und soziale Achtung!) erwerben; und Askese und sexuelle Enthaltsamkeit können ebenso zur Entfaltung von

---

33 Max Scheler, Das Ressentiment im Aufbau der Moralen, in: Vom Umsturz der Werte (= Gesammelte Werke Bd. 3), Bern [4]1955, 33–95; die obigen Zitate 71–75.
34 Hanna-Barbara Gerl, Die bekannte Unbekannte. Frauenbilder in der Kultur- und Geistesgeschichte, Mainz 1988; dieselbe, Es lebe doch der Unterschied!? Zum Spannungsfeld Frau und Mann im Christentum, in: Auf dem Weg zum Heiligen Jahr 2000, Bd. 2: Aufbruch ins Dritte Jahrtausend, hg. von Gerhard Ludwig Müller, Köln 1997.

Freiheit und Selbständigkeit führen wie Fruchtbarkeit und Mutterschaft.[35] Das weibliche „Netz" von Leben und Tod schließt die Frau nicht mehr unwiderruflich ein in die Natur – oder in häusliche Dienstbarkeiten – oder in eine Stellung geminderten Rechts und verweigerter Öffentlichkeit. Die Frau ist nicht mehr, wie im antiken Leben,[36] Spielzeug und Lustobjekt, bestenfalls Dienerin des Mannes – sie hat teil an der Befreiung, welche die Evangelien verheißen.[37]

Das Christentum kann aus seiner langen Geschichte vieles „Alte und Neue" zum Thema weiblicher Eigenständigkeit[38] hervorholen. Ist nicht die Geschichte der Orden (allgemeiner: des Lebens nach den Evangelischen Räten) ein einziger fortlaufender Kommentar zum Selbstverständnis von Mann und Frau in der Kirche zu verschiedenen Zeiten und in verschiede-

---

35 Peter Brown, The Body and Society. Men, Women and Sexual Renunciation in Early Christianity, New York 1988 (dt. unter dem Titel Die Keuschheit der Engel, München 1991); Elaine Pagels, Adam, Eve, and the Serpent, New York 1988 (dt. Adam, Eva und die Schlange, Reinbek 1991).

36 Auf die beträchtlichen Zeit-Varianten vom klassischen Griechenland bis zum Hellenismus (und vom republikanischen zum späten Rom!) kann hier nicht eingegangen werden – als Konstante bleibt gleichwohl die verminderte (oder gar nicht existierende) Rechtsfähigkeit der Frau in den antiken Gesellschaften, nicht zu reden von der nirgendwo anzutreffenden Gleichstellung mit dem Mann.

37 Hanna-Barbara Gerl, Es lebe doch der Unterschied (wie Anm. 34) hebt hervor, daß der Ruf zur Umkehr beiden Geschlechtern gilt, daß Kult-Tabus wie die Unreinheit der Frau im Christentum nicht mehr beachtet werden, daß bestimmte Sünden nicht mehr vorrangig an ein Geschlecht geheftet sind, daß in den Jahren der Wanderschaft Jesu die üblichen Aufgaben der Frauen = Jüngerinnen (Haushalt, Kinder, Sippenverpflichtungen) außer Kraft gesetzt sind usw.

38 Edith Stein, Keine Frau ist ja nur Frau. Texte zur Frauenfrage, hg. und eingeleitet von Hanna-Barbara Gerl, Freiburg 1989.

nen Gesellschaftsformen? Hat nicht marianisch inspi-
rierte Frauenverehrung zur Entfaltung ritterlicher Tugenden, zur Sublimierung und Verfeinerung des Trie-
bes beigetragen? Haben nicht christliche Pioniere in
der Neuzeit zuerst besondere Formen weiblicher Erziehung und Bildung in eigenen Schulen und Anstalten
entwickelt? War nicht die mit dem Industriezeitalter
aufkommende Standes- und Spezialseelsorge zu einem
Gutteil auch *Frauen*seelsorge – schon angesichts der
gewaltig wachsenden weiblichen „industriellen Reser-
vearmee" in den Städten? Und wäre die moderne Frau-
enbewegung, vor allem auf politisch-parlamentari-
schem Feld, denkbar gewesen ohne die Leistungen
christlicher Parlamentarierinnen in vielen Ländern
der westlichen Welt?

2. Zeit

Kaufet die Zeit aus,
denn die Tage sind böse.
Paulus, Eph 5, 16

Sie säen nicht,
sie ernten nicht.
Lukas, 12, 24

Die Zeit ist edeler als
tausend Ewigkeiten.
Angelus Silesius

Das Christentum hat auch die Zeit „gezeichnet". Dies
in dreifacher Weise: erstens, indem es sie als vorüber-
gehende, endliche, einmalige Frist erfahren ließ, als
ein Ein-für-allemal, das keine Revision, keine Wiederkehr und Wiederholung kennt und daher den Menschen in eine ganz persönliche Verantwortung für
sein Leben hineinstellt. Zweitens – gegenläufig –, indem es in der irdischen Zeit die ewige bewahrte: die
Erinnerung an das „ewige Fest", bei dem sich das
Herz des Menschen dem Kommen Gottes öffnet und
die Christengemeinde einstimmt in den Lobpreis der
himmlischen Liturgie. Dies alles, drittens, vor dem
Hintergrund eines prophetisch gedeuteten Zusammenhangs von Vergangenheit, Gegenwart und Zukunft: In
dieser Zeitlinie, die von Adam bis zum Ende der Zeiten reicht, liegt der Ursprung aller Vorstellungen von
einer unumkehrbaren Geschehensfolge – einer „Geschichte".

Zeit als Frist, Zeit als Fest

Von den „Zeichen der Zeit" ist an zwei Stellen im Neuen Testament die Rede (ich folge der Luther-Übersetzung):

Matthäus 16, 2–3: Aber er antwortete und sprach: „Des Abends sprecht ihr: Es wird ein schöner Tag werden, denn der Himmel ist rot. Und des Morgens sprecht ihr: Es wird heute Ungewitter sein, denn der Himmel ist rot und trübe. Über des Himmels Aussehen könnt ihr urteilen; könnt ihr dann nicht auch über die Zeichen der Zeit urteilen?"

Lukas 12, 54–56: Er sprach aber zu dem Volk: „Wenn ihr eine Wolke sehet aufgehen vom Westen, so sprecht ihr alsbald: Es kommt ein Regen. Und es geschieht also. Und wenn ihr sehet den Südwind wehen, so sprecht ihr: Es wird heiß werden. Und es geschieht also. Ihr Heuchler! Das Aussehen der Erde und des Himmels versteht ihr zu prüfen; wie prüfet ihr aber diese Zeit nicht?"

Von zweierlei Zeichen wird hier gesprochen: von Zeichen des Himmels (und der Erde) und von Zeichen der Zeit. Beide sind offensichtlich nicht von gleicher Art, obwohl sie in einer inneren Beziehung zueinander stehen. Himmelszeichen zu lesen scheint einfacher zu sein, als Zeichen der Zeit zu deuten. Das eine ist eine alte Übung, jedem vertraut und geläufig – vor der zweiten Aufgabe jedoch versagen die Menschen, zu denen Jesus spricht, und sie versagen vor ihr sosehr, daß er mit Zorn und Tadel reagiert („Ihr Heuchler ...“). Offenbar gibt es zwischen dem Lesen der Himmelszeichen und dem Verstehen der Zeitzeichen einen qualitativen Unterschied. Wir können ihn so zurechtlegen: Für Himmelszeichen liegen erprobte Lesemuster vor, für die Zeitzeichen nicht. Was Himmelszeichen bedeuten, weiß man aus unendlich wiederholter Beobachtung. Jeder kennt die Verläßlichkeit von Bauernregeln, die auf solcher Erfahrung beruhen. Ähnliches fehlt aber für die Deutung der Zeichen der Zeit, und so bleiben Erkenntnis und Einsicht in diesem Bereich hinter dem Lesen der Himmelszeichen zurück.

Woher dieser Unterschied? Der Grund ist einfach: Regeln kann man nur ableiten von etwas, das sich wiederholt. Nun wiederholen sich Tag und Nacht, Morgenröte und Wolkenbildung in regelmäßiger Folge – es ist also nicht schwierig, die Zeichen der Naturschrift miteinander in Verbindung zu setzen und aus ihrem Auftauchen und Verschwinden Schlüsse zu ziehen. Geschichtszeit aber wiederholt sich nicht in gleicher Weise. Geschichtliche Ereignisse sind einmalig. Mögen einzelne Ereignisse auch Verwandtschaften aufweisen – immer wieder ereignet sich doch im zeitlichen Ablauf Neues, das die bisherigen Erfahrungen sprengt. Wo aber der Rhythmus der Wiederholung fehlt, da lassen sich kaum Erfahrungen sammeln oder gar Gesetze erkennen – das Elend aller Philosophien, die sich um Typisierung von Abläufen, um die Auflösung des „Rätsels der Geschichte" bemühen. Ist also Jesus, so fragen wir ein wenig verwirrt, nicht ungerecht gegenüber seinen Zuhörern? *Können* diese überhaupt die Zeichen der Zeit erkennen, prüfen und deuten, wenn diesen Zeichen alle Eindeutigkeit fehlt?

Sicher ist eines: das „Prüfen" (dokimazein, probare) der Zeitzeichen setzt erheblich größere und gezieltere Anstrengungen voraus, als sie zur Beobachtung der Naturzeichen nötig sind. Denn hier sind die Menschen selbst involviert – sie beobachten nicht nur Himmels-

und Erderscheinungen, um daraus ihre Folgerungen zu ziehen. In der Zeit lebend, partizipieren sie an den Zeitereignissen, beeinflussen sie, verändern sie – sie *sind* inmitten der Ereignisse, diese wären nicht ohne sie. So wie die Natur ihre Form gewinnt durch wiederkehrende Regelmäßigkeiten, so die Zeit durch menschliche Handlungen. So reichen Sorge und Vorsorge über den Tag hinaus, so kann ein Versprechen Zukunft vorwegnehmen, so kann entschlossenes Handeln Trends aufbrechen oder in eine andere Richtung lenken; kurzum, was sich bei den Naturvorgängen zwischen Himmel und Erde abspielt, das spielt sich in Zeit und Geschichte zwischen Menschen ab. In Erwartung, Hoffnung, Sorge, in Verheißung und Erfüllung formt sich die Gestalt der Zeit – so lehrt es uns das Neue Testament. Und *in* der Zeit – nicht in einem magischen oder mythischen Außerhalb – ereignet sich auch das Heil der Menschen. Wer das Heil finden will, der muß auf die Zeitzeichen achten, er muß höchste Wachsamkeit und Achtsamkeit an den Tag legen, denn selig der Knecht, den der Herr bei seinem Kommen wachend findet!

Es ist wohl kein Zufall, daß sich rings um das Wort von den Zeichen der Zeit in Lukas' Bericht mehrere Lehrstücke finden, die den Umgang mit der Zeit betreffen. Da sind, in unmittelbarer Nähe, die Gleichnisse vom Feigenbaum,[1] vom Senfkorn[2] und Sauerteig[3] sowie die eindringlichen Mahnungen zur Wachsamkeit („Des Menschen Sohn kommt zu einer Stunde, da ihr's nicht meinet").[4] Da ist, in weiterer Entfernung, die Schockgeschichte vom reichen Kornbauern,

---

1 Lk 13, 6–9.
2 Lk 13, 18–19.
3 LK 13, 20–21.
4 Lk 12, 40.

der all sein Korn und seine Güter in neuen, größeren Scheunen sammeln und sein Leben genießen will – und zu dem Gott spricht: „Du Narr! Diese Nacht wird man deine Seele von dir fordern; und wes wird's sein, das du bereitet hast?"[5] Da ist endlich, wie ein Kontrapunkt zu den Mahnungen zur Wachsamkeit, der Hinweis auf die Vögel des Himmels und die Lilien des Feldes, die nicht säen und ernten, spinnen und weben – und die doch erhalten und genährt werden vom himmlischen Vater. „Wieviel mehr seid ihr als die Vögel!"[6] Achtsam zu sein auf das Heil, bereit zu sein für den Herrn – das schließt offensichtlich Gelassenheit, tagträumerische Leichtigkeit bei der Verfolgung irdischer Wohlfahrt nicht aus, sondern ein; wie man denn Geschäftigkeit, verbissene Arbeitsmoral und ruhelos planende Zukunftssorge im Neuen Testament kaum finden wird. Denn so wichtig die Zeit nun wird als Medium des Heils: in Geld und Arbeit wird sie noch nicht „konvertiert". Ein Hauch von antiker Ruhe und Muße liegt über dem Neuen Testament: im Beieinandersein der Jünger („Wo zwei oder drei in meinem Namen beisammen sind ..."),[7] in Gottesdiensten und Festen und nicht zuletzt in den liebevoll gefeierten (und liebevoll geschilderten!) Gastmählern, von der Hochzeit von Kana bis zum letzten Abendmahl. Gewiß, das sind keine homerischen Festgelage, man setzt sich nicht hin zum „lecker bereiteten Mahle", es wird nicht einfach geschwelgt und geschmaust, aber noch viel weniger ist es der Typ jener „frohen Feste", die der moderne Arbeits- und Bildungsbürger nach „sauren Wochen" feiert, weil er sich nach des Ta-

---

5   Lk 12, 16–21.
6   Lk 12, 24.
7   Mt 18, 20.

ges Mühe „etwas gönnen" darf und kann. Feste und Feiern sind im Evangelium noch etwas Absolutes und nicht eine Kompensation. Auf ihnen liegt ein Glanz des „ewigen Festes". So kann die Zeit auch einmal stillstehen in reiner göttlicher Gegenwart – so daß die Jünger den Augenblick festhalten und auf dem Tabor Hütten bauen möchten, für Jesus eine, für Moses eine und für Elias eine.[8]

Wer nach der Zeit und ihrer Deutung im Evangelium fragt, muß beides sehen und erwägen: das neue Gewicht der Zeit im Heilsgeschehen, die Nähe des Gottesreiches, das zu uns kommen, unter uns erstehen will, die daraus erfließende Haltung strenger Bereitschaft und Wachsamkeit – und zugleich die große Entlastung, die dem Leben aus diesem Heil erwächst, die Befreiung von Zeitdruck und Terminplan, das Leichtwerden vor Gott, die neue Festlichkeit des Lebens. Wer das Eine Notwendige kennt, der kann sich entlasten von allem, was nicht not tut. Wer sein Heil in Furcht und Zittern sucht, der kann großzügig umgehen mit den irdischen Dingen. Von hier gesehen, ist der Umgang des Christen mit der Zeit ein paradoxer Umgang: Sie ist für ihn einerseits das Höchste, Edelste, „edeler als tausend Ewigkeiten", wie die Mystik sagt, weil in ihr, einfürallemal, das Heil gewirkt wird. Sie soll, wie Paulus sagt, „ausgekauft" werden; denn „die Tage sind böse".[9] Und sie ist anderseits für den Christen in Fülle, ja im Überfluß vorhanden, er braucht nicht mit ihr zu knausern und zu sparen, er kann sie verschwenden, als sei sie nicht aus irdischem Stoff gemacht, als sei sie selbst schon Vorahnung und zugleich Vorwegnahme des „ewigen Festes".

---

8 Mk 9,2–10.
9 Eph 5,16.

Das neue Zeitbewußtsein bildet sich langsam heraus in den christlichen Gemeinden der Frühzeit. Deutlichere Formen nimmt es an nach dem Auftauchen des Christentums aus Verborgenheit, Zerstreuung und Verfolgung – mit seinem Öffentlichwerden als *religio licita* im Römischen Reich. Das christliche Zeitbewußtsein wird geleitet von der Einsicht, daß die Welt einen Anfang und ein Ende hat und daß der Christ in der Welt lebt, aber schon Bürger eines anderen, ewigen Äons ist. Wie es der altchristliche Diognetbrief formuliert: „Sie (die Christen) bewohnen Städte von Griechen und Nichtgriechen, wie es einem jeden das Schicksal beschieden hat, und passen sich der Landessitte in Kleidung, Nahrung und sonstiger Lebensart an … Jede Fremde ist ihnen Vaterland und jedes Vaterland eine Fremde … Sie weilen auf Erden, aber ihr Wandel ist im Himmel."[10]

Vor allem im Bereich der biblischen Geschichte bildet sich jener Zusammenhang von Ereignissen und Deutungen heraus, welche die jüdische und die christliche Welt verknüpfen. Neben das Alte Testament tritt das Neue. In Jesus Christus „ist die Zeit erfüllt", in seinem Werk nimmt Gestalt an, „was die Propheten verheißen haben". Die Zeitlinie des christlichen Gedächtnisses reicht von Abraham (Adam) und den Propheten bis zu Jesu Tod, Auferstehung und bevorstehender Wiederkunft. Man kann von einer prophetisch gedeuteten Geschichte sprechen.

Theologisch war der wichtigste Anknüpfungspunkt für das entstehende christliche Zeitbewußtsein der

---

10 Diognetbrief, ed. Klaus Wengst (Schriften des Urchristentums, Bd. 2, München 1984).

Gedanke der Herrschaft Christi über Raum und Zeit.[11] Die Erhöhung Christi „über alle", seine Herrschaft über Himmel und Erde, die Gestalt des Kyrios Christus, „durch den alles ist und wir durch ihn"[12], das Bild des Sohnes Gottes als „Erben des Alls"[13] – dies alles schloß die in den biblischen Texten gegebene Zeitlinie ein, wies aber zugleich über sie hinaus. Von hier eröffnete sich die Möglichkeit, die gesamte Weltgeschichte in eine christozentrische Ordnung zu bringen – angefangen von der Schöpfung der Welt und der Erwählung des Volkes Israel, der Inkarnation und der Passion Christi über die Zeit der Kirche bis hin zur neuen Schöpfung am Ende aller Tage. Die Rede von der Königsherrschaft Christi relativierte den Absolutheitsanspruch der irdischen Reiche und der Cäsaren. Sie befreite die Christen vom Druck tagespolitischer Abhängigkeiten. So konnte Christus als ewiger König den vergänglichen irdischen Herrschern gegenübergestellt werden. Das mußte auf längere Frist zu Konsequenzen auch im Zeitverständnis der Christen führen.

Das frühe Christentum, der Herkunft aus dem Judentum noch nahe, hatte sein Zeitverständnis zuerst im Horizont biblischer Überlieferungen gefunden. Später kamen hellenistische, römische und regionale Zeitorientierungen hinzu. Dann trat die alles beherrschende Beziehung auf Christus in den Vordergrund – zunächst *theologisch*, als Relativierung römisch-kaiserlicher Selbstbezogenheit, als Hinweis auf den einzigen Herrscher, der diesen Namen verdiente: Christus;

---

11 Hierzu und zum folgenden: Hans Maier, Die christliche Zeitrechnung, Freiburg [4]1999.
12 1. Kor 8, 6.
13 Hebr 1, 2–5.

dann auch *historisch*, als Ansage einer neuen, nach ihm benannten Zeit.

In der Entstehung einer eigenen, einer christlichen Zeit spiegelt sich eine veränderte Haltung der Christen zu „dieser Welt". War diese ihnen anfangs fern, fremd und gleichgültig, so beginnt sie mit der dogmatischen Festigung des Christentums seit dem 4. Jahrhundert und mit der Entstehung einer christlichen Gesellschaft in Ost- und Westrom immer wichtiger zu werden. Das Christentum wird, bildlich gesprochen, schwerer, es sinkt tiefer in die Verhältnisse ein. Wie auf die *Welt*, so läßt es sich auch stärker auf die Zeit ein. Und so bewegt es sich bald nicht mehr ausschließlich in der überlieferten „Zeit der anderen" – es schafft sich seine eigene Zeit. Genauer: das in ihm von Anfang an vorhandene Zeitbewußtsein löst sich von den herkömmlichen Mustern und entwickelt seine eigene Prägung: in einer neuen Zeitrechnung ebenso wie in der Neugestaltung des Jahres; in der Vergegenwärtigung der Heilsereignisse ebenso wie in den Festen der Märtyrer und Heiligen.

Innerhalb der von der jüdischen Woche und vom römischen Monat und Jahr geprägten Zeitverläufe wurde der *Sonntag* zum neuen Zentrum des christlichen Kalenders: der erste Tag nach dem Sabbat, anfangs (vor allem in Jerusalem) noch mit diesem verbunden, später verselbständigt und immer mehr in Konkurrenz zur jüdischen Festordnung tretend.[14] Über seine Ursprünge und sein Alter gibt es verschiedene Theorien;[15] so viel scheint aber festzustehen, daß die Sonntagsfeier im Ostergeschehen verankert war; jedenfalls nahmen die

---

14 Hermann Reifenberg, Fundamentalliturgie, Bd. II, Klosterneuburg 1978, 243 ff.
15 Willy Rordorf, Ursprung und Bedeutung der Sonntagsfeier im frühen Christentum, in: Liturgisches Jahrbuch 31 (1981), 145 ff.

Gemeinden auf die Erscheinungen Jesu am ersten Tag nach dem Sabbat Bezug. Die frühen Christen nannten diese Versammlung mit Verkündigung und Eucharistie *Herrentag* – ein Begriff, in dem das Gedenken an Tod, Auferstehung und Wiederkunft Christi enthalten war. Entscheidend war die regelmäßige Wiederholung dieses Gedenktags – heutige Liturgiker sprechen vom „Wochenpascha" –, seine Einbeziehung in den Jahresrhythmus, in die stetig wiederkehrenden Versammlungen der jungen Christengemeinden. Der Tag der Verherrlichung Jesu sollte regelmäßig begangen und immer wieder vergegenwärtigt werden. Vergegenwärtigung war das Grundprinzip der älteren Liturgie – die Kirche feierte ja nicht ein historisches Ereignis, sondern der Auferstandene war in ihr ganz unhistorisch gegenwärtig, wenn sie sich in seinem Namen versammelte. Wie es der altchristliche, vom Zweiten Vaticanum erneuerte Gebetsruf ausdrückt: „Deinen Tod, o Herr, verkünden wir, und Deine Auferstehung preisen wir, bis Du kommst in Herrlichkeit."

Erwartung, Gedenken, Vergegenwärtigung – in solchen Horizonten konstituierten sich Kirchenfest und Kirchenjahr. Von seinem Ursprung her war das Fest der Kirche ein „Fest ohne Ende". Origenes sprach nur eine weitverbreitete Meinung aus, wenn er bemerkte, die Einsetzung einzelner Feiertage sei allein wegen der „Uneingeweihten" und „Anfangenden" geschehen, die noch nicht fähig seien, das „ewige Fest" zu feiern.[16] In der liturgischen Feier öffnete sich die Kir-

---

16 Zit. bei Josef Pieper, Zustimmung zur Welt. Eine Theorie des Festes, ²1964, 53; vgl. auch Frère Roger, Ta fête soit sans fin, 1971, 15 ff., 130 ff.; dort der Hinweis auf Athanasius: „Le Christ ressuscité fait de la vie de l'homme une fête continuelle" (131). Grundsätzlich zur „Feier der neuen Zeit" in der Liturgie Jean Corbon, Liturgie aus dem Urquell, 1981, 146 f.: „Für die …, die mit Chri-

che nicht nur zu den Mitmenschen hin, sie nahm auch teil an der himmlischen Liturgie: Gottes Herrlichkeit sollte sich widerspiegeln im menschlichen Antlitz. Das in der Eucharistie erneuerte Mahl Gottes mit den Menschen ließ gegenwärtig werden, was nicht vergangen war, was als *Heute* im *Hodie* der Weihnachtsvigil oder als *Tags zuvor* im *Qui pridie* des Gründonnerstags gemeint war.[17] Dabei wurden Natur und Geschichte miteinander verbunden, die historische Zeit an die natürliche Zeit herangeführt. Historischen Ereignissen sollte in der Erinnerung eine „der Naturzeit möglichst nahe Wiederkehr" gesichert werden.[18] Insofern verband der entstehende christliche Kalender lineare und zyklische Zeitordnung: Einmalig waren Geburt, Tod, Auferstehung, Himmelfahrt Christi – zyklisch wiederkehrend war das Gedenken daran.

Gewiß war die Entstehung einer kalendarischen Ordnung der Feste und Festzeiten auch ein Stück Historisierung: Das Pathos des „großen Festes" verzeitigte sich; eine Fülle von Festen entstand, die den natürlichen Ablauf der Zeit gliederten; neben die Herrenfeste traten die Feste der Heiligen als Gedenken an die *mira-*

---

stus schon auferstanden sind, wird das Jahr in die Synergie der ewigen Liturgie einbezogen, es wird selbst ‚liturgisch' … Ausgehend von Ostern, in sich ausbreitenden Ringen, wird das Jahr durch die Liturgie verwandelt, wird sakramental. Als durchsichtiges Zeichen des Auferstehungstages wird jeder Teil seines Ablaufs zum Widerschein der liturgischen Fülle."

17 Vgl. Corbon (s. Anm. 16) 48 Anm. 7: „… Wer die himmlische Liturgie vergißt, weiß nicht mehr, daß die ‚Fülle der Zeit' immerfort in unsere alte Zeit einbricht, um diese zur ‚Endzeit' zu machen. Man fällt hinter die Auferstehung zurück, in eine Art von ‚leeren Glauben'. Man verabsolutiert ein Raum-Schema: Gott ist ‚droben', der Mensch ‚unten' – während doch das Gottesreich schon da ist, unter uns und in uns."

18 John Hennig, Literatur und Existenz. Ausgewählte Aufsätze, Heidelberg 1980, 43.

bilia domini in servis, die Wundertaten des Herrn an seinen Knechten. Aber dies alles war zugleich ein Stück Entfaltung der Kirche in der Zeit. Vor allem im Westen trat jetzt der Gedanke der Inkarnation in den Vordergrund: Wie Gott in der Menschwerdung in die Genossenschaft des Fleisches mit den Menschen gekommen war, so kam er auch in ihre *Zeit*-Genossenschaft; wie jede Eucharistiefeier die Erinnerung an Karfreitag, Ostern, Himmelfahrt wachhielt,[19] so zeichneten die Herren- und Heiligenfeste im Kirchenjahr das heilige Geschehen in der Geschichte nach. Auch hier „sank die Kirche in die Zeit ein". Immer größere Zeiträume wurden der Reflexion zugänglich. Die Welt hörte auf, für den Christen nur ein zufällig-kontingentes Milieu der Tugendübung zu sein wie im älteren, endzeitlich geprägten Christentum: sie wurde in die Heilsgeschichte einbezogen. Das Christentum begann Welt und Gesellschaft zu umfassen. Die „innerweltlich-heilsgeschichtliche Orientierung der abendländischen Kirche"[20] kündigte sich an. Hier war der Christ in einer neuen Weise zum Handeln aufgerufen, zur Bewährung seines Heilsvertrauens, zum „Wirken, solange es Tag ist", und damit wurden Zeit und Stunde, Zahl und Rechnung für ihn wichtig und bedeutsam.

Christliche Zeiterfahrung ist eine komplexe Wirklichkeit. Es ist zu einfach, sie auf den Gegensatz eines zyklischen antiken und eines linearen jüdisch-christlichen Modells zu reduzieren, wie dies Nietzsche in seinen späten Schriften tat. Auch in der sehr entwickelten griechisch-römischen Zeitphilosophie gibt es Entwürfe

---

19 Dazu John Hennig, Der Geschichtsbegriff der Liturgie, in: Schweizer Rundschau 49 (1949), 50 ff.
20 August Strobel, Texte zur Geschichte des frühchristlichen Osterkalenders, 1984, 153.

von Linearität. Auch umgekehrt leben in Erinnerung und Gedenken, in Gottesdienst und Kirchenjahr regelmäßig wiederkehrende, zyklische Elemente fort. So dürften Ähnlichkeiten und Unterschiede im Dialog christlicher und profaner Zeiterfahrungen ein sehr viel breiteres Spektrum bilden, als dies die immer noch im Schwang befindlichen einfachen Modelle und Gegenüberstellungen suggerieren.

Christliche Zeit und „Zeit der Welt"

Aus der christlichen Zeit wirkt vieles hinüber in die „Zeit der Welt". Man kann Beispiele über Beispiele nennen. So wird die Zeitlinie von Adam zu Christus ein Modell für Geschehensfolgen überhaupt – aus den Geschichten im Alten und im Neuen Testament wird eine einzige Geschichte, die Geschichte des Heils der Menschen. Immer wieder hat man die Weltgeschichte in Analogie zur Heilsgeschichte konstruiert. Das reicht von den Geschichtstheologien der Väterzeit bis zu den Spekulationen über ein die Geschichte überhöhendes und abschließendes „Reich des Geistes" im Mittelalter. In modernen geschichtsphilosophischen Konstruktionen findet diese Tradition ein Echo, wird fortgesetzt, verändert, abgewandelt: Der Gedanke des Fortschritts, der Perfektion, der innergeschichtlichen Vollendung entwickelt sich aus solchen Zusammenhängen und ebenso sein Gegenteil: Der Gedanke des jähen und schrecklichen apokalyptischen Endes. Wie immer die Akzente gesetzt werden: Eine Geschichte, die alle, und nicht nur einzelne Völker, betrifft, gibt es erst, seitdem das Christentum sich mit seiner Botschaft „an alle" wandte. Nun wird der Gedanke der *Menschheit* denkbar – und damit einer Geschichte, die über die Geschichte einzelner Völker, einzelner Menschen hinausgeht.[21]

Es entsteht aber auch in einem langsamen Prozeß die einheitliche Weltzeit. Die Zeit löst sich vom einzelnen Ort, von den sozialen Gruppen, die sie tragen. Rolf Sprandel hat an diesen Sachverhalt erinnert: „Bis zum 14. Jahrhundert wurde die Zeit für alle Menschen durch das Läuten der Kirchenglocken zu den Gebetszeiten eingeteilt. Die Gebetszeiten waren gebunden an Sonnenaufgang und Sonnenuntergang. Mit der Veränderung der Tageslänge im Lauf des Jahres veränderte sich auch die Stundenlänge. Im 14. Jahrhundert wurde zuerst in die Türme italienischer Rathäuser die Räderuhr eingebaut. Damit begann der Übergang zu der abstrakten Zeit der 60-Minuten-Stunde. Das Geschäftsleben hatte Bedürfnis nach einem gleichbleibenden Zeitmaß und ging begierig zu der Neuerung über. Die Kirche hielt aber an vielen Stellen für sich noch lange Zeit an der alten Zeiteinteilung fest. Es gab italienische Städte, wo innerhalb und außerhalb der Klöster eine andere Zeit galt."[22]

Wir können uns heute sozial differenzierte Ortszei-

---

21 Vor allem die Kultur der Menschenrechte ist vorbereitet im Gedanken einer die Nationen und Rassen übersteigenden Menschennatur; vgl. Hans Maier, Überlegungen zu einer Geschichte der Menschenrechte, in: Peter Badura/Rupert Scholz (Hg.), Wege und Verfahren des Verfassungslebens (FS Peter Lerche), München 1993, 43–50 (48 f.).

22 Rolf Sprandel, Die Geschichtlichkeit des Naturbegriffs. Kirche und Natur im Mittelalter, in: Hubert Markl (Hg.), Natur und Geschichte (Schriften der Carl Friedrich von Siemens Stiftung 7), München/Wien 1983, S. 237–261 (254). Allgemein zum Thema soziale Zeitkategorien: O. Rammstedt, Alltagsbewußtsein von Zeit, in: Kölner Zeitschrift für Soziologie und Sozialpsychologie 27 (1975), 47–63; W. Bergmann, Das Problem der Zeit in der Soziologie, in: Kölner Zeitschrift für Soziologie und Sozialpsychologie 35 (1983), 462–504; A. Meier-Koll, Chronobiologie, München 1995.

ten kaum noch vorstellen, obwohl es sie zum Beispiel in ländlichen Räumen bis weit ins 19. Jahrhundert hinein gegeben hat. Die einheitliche Weltzeit ist längst Wirklichkeit geworden, die Zeitmaße sind überall gleich lang, mag auch der Tag in New York, Tokyo, Moskau und Paris zu unterschiedlichen Zeiten beginnen. Aber man kann sich doch einen Augenblick lang der Vorstellung überlassen, die Zeit „gehörte" nicht allein dem Uhrwerk, sondern auch den Menschen, und zwar verschiedenen Menschen, Gruppen, Gemeinschaften. Dann würde wohl einige Verwirrung entstehen. Aber eine elementare Einsicht käme ins Gedächtnis zurück, daß nämlich Zeit auch eine soziale Komponente hat, eine, die mit Alter, Herkunft, Individualität und Gruppenzugehörigkeit der Menschen zu tun hat.[23]

Moderne Zeit ist gezählte Zeit. Sie beginnt mit der mechanischen Uhr, die zu Ende des 13. Jahrhunderts (man weiß nicht genau, wann und wo) in Europa erfunden wurde.[24] Natürlich hatte es Instrumente zur Zeitmessung auch schon vorher gegeben – Sonnenuhren, Wasseruhren, Sanduhren, Kerzen mit Zeitmarkierungen usw. Aber die mechanische Uhr, beruhend auf der Spindelhemmung mit Waagbalken, wurde erst im Mittelalter erfunden (das übrigens auf dem Gebiet der ange-

---

23 Die Armbanduhr ist ein unentbehrliches Mittel der Orientierung. Persönlich lege ich als pünktlicher Mensch sogar Wert auf einen Sekundenzeiger. Aber die Armbanduhr ist auch eine listig ersonnene Fessel – sie enteignet mich meiner persönlichen Zeit. Und im Lauf der Jahre finde ich es nicht nur verzeihlich, sondern fast schon sinnvoll, wenn Hausfrauen (insbesondere sie!) Uhren oft *vor*stellen, um „noch ein wenig Zeit zu haben". Dieser unschuldige Wunsch ist fast das letzte, was in unserer zeit-uniformen Welt von der mittelalterlichen Pluralität der Zeiten noch übriggeblieben ist.
24 Carlo M. Cipolla, Gezählte Zeit. Wie die mechanische Uhr das Leben veränderte, Berlin 1997.

wandten Mechanik eine überaus kreative Zeit war!). Sie wurde erfunden im Umkreis von Klöstern, welche die Zeit einzuteilen verstanden und dieses Können auch anderen vermittelten. Sie wurde erfunden zum Nutzen der Kaufleute, welche den sorglichen Umgang mit der Zeit noch einmal steigerten – über Klöster und Kirchen hinaus, zu freilich anderen Zwecken. (Es darf daran erinnert werden, daß zu dieser Zeit auch das kanonische Zinsverbot fiel oder jedenfalls gelockert wurde; *für* dieses Verbot hatte man früher zwei Argumente ins Feld geführt: das alte aristotelische „Geld heckt keine Jungen!" und das neuere christliche „Mit Zeit darf man nicht handeln und Geld verdienen, weil Zeit allen gehört". Beide Argumente fielen nun weg.)

Konnte die pünktliche, genaue, untrügliche Zeitmessung durch die mechanische Uhr nur in einer christlichen Zivilisation erfunden werden? Jedenfalls *wurde* sie hier erfunden. Das hängt sicher mit der Kultur der Zeiteinteilung zusammen, wie sie sich seit den Anfängen der Christenheit vor allem in den Klöstern entwickelt hatte. Aber die Konjunktur der Uhren folgte doch bald eigenen Gesetzen – wirtschaftlichen, wissenschaftlichen, künstlerischen, modischen. Noch ein letztes Mal erscheint die Uhr in einem christlichen Kontext, nämlich als die europäischen Jesuitenpatres in den achtziger Jahren des 16. Jahrhunderts bei ihrer Chinamission Uhren überbringen – die Uhren öffneten ihnen sogar die Pforten des kaiserlichen Palastes in Peking. Im Interesse ihrer Missionsarbeit nahmen die Jesuiten später gelernte Uhrmacher in ihre Reihen auf. Bis zur Auflösung der Missionsstation in China leitete immer ein Jesuit die Uhrenwerkstatt und -sammlung des Kaisers. Auch Franz Xaver soll schon 1550 Yoshitaka Ouchi, dem Gouverneur von Yamaguchi, eine Uhr überreicht haben – nach allgemeiner

Meinung die erste mechanische Uhr europäischer Herstellung in Japan.[25]

Die Uhr ist ein Ausdruck der Herrschaft über die Zeit. Auch der christliche Kalender, die christliche Zeitrechnung erwuchs aus einem Herrschaftsanspruch: Christi Herrschaft über die Zeit war für Christen der Anlaß, die Orientierung an der kaiserlichen Zeitrechnung zu überprüfen – eine Entwicklung, die dann zu einer eigenen christlichen Zeitrechnung führte. Seit 525 ist die Zählung „post Christum natum", nach Christi Geburt, bezeugt. Die Jahre *vor* Christi Geburt zählte man noch lange – jüdischer Übung folgend – von Erschaffung der Welt an.[26] Im Mittelalter gibt es nur vereinzelte Zählungen „ante Christum natum", vor Christus. Erst in der Neuzeit, genauer in der Aufklärung, wurde die Zählung nach rückwärts üblich – die Gründe lagen in der größeren Präzision gegenüber den stark divergierenden Daten für die Weltschöpfung. Während noch Bossuet mit beiden Zählungen gearbeitet hatte, verwendete Voltaire die „volle" Zählung (nach Christus und vor Christus). Das Christusereignis rückte damit in die Mitte der Geschichte, die christliche Zeitrechnung stellte eine „Zeit in die Zeit" hinein. Dabei ist es erstaunlicherweise bis heute geblieben. Im Handels- und Kommunikationsbereich gilt die christliche Zeitrechnung sogar global – und selbst in Gebieten mit anderer Zeitrechnung (China, die islamischen Länder usw.) wird nach ihr gerechnet.

---

25 Cipolla (wie Anm. 24), S. 89–116.
26 Einzelheiten, auch zum folgenden, in meinem Buch über die christliche Zeitrechnung (wie Anm. 11), 29, 35, 42, 54.

Zeitbeschleunigung – Zeitschrumpfung

Zeiterfahrung und Zeichen der Zeit – die Gegenwart bietet ein vielgestaltiges, ein oft verwirrendes Bild. Einerseits erleben wir, wie die kulturellen Folgen des Christentums in vielen Bereichen ihre letzte Steigerung erfahren (oft gelöst von ihrer Herkunft). Anderseits schwindet die Bereitschaft zur Übernahme und Weitergabe dieses Erbes (selbst unter Christen). Einerseits läßt die technische Zivilisation *alle* Menschen, und keineswegs nur die Christen, die unerbittliche Linearität der Geschichte empfinden – die schattenlose menschliche Verantwortlichkeit in einer „weltlichen Welt" (Johann Baptist Metz). Anderseits erschrickt der Mensch vor seinen Taten, die ihm fremd geworden sind. War das neue Gewicht von Zeit und Stunde eine Überforderung der Menschheit? Waren christliche Theozentrik und Anthropozentrik, war das Zurücktreten der numinos belebten Natur zugunsten menschlicher Herrschaft und Kultur zuviel für den Menschen? Darauf deuten die Ausbruchsversuche vieler Zeitgenossen aus christlich initiierten (und zivilisatorisch zugespitzten) Zeit-Überlieferungen hin – hinein in alte und neue Kosmologien, in Esoterik und New Age, in Vorstellungen der Wiederkehr, Wiedergeburt, Wiederherstellung.

Noch einmal hat sich die Zeit in unseren Tagen beschleunigt – in einem Tempo, das früheren Generationen unvorstellbar gewesen wäre. Überschallflugzeuge, Weltraumexpeditionen, Action-Filme, politische und wirtschaftliche Interaktionen in Sekundenschnelle, Techno-Rhythmen, ebenso monoton wie schnell ablaufend – das alles zeigt, wie sehr die heutige Zeit alle Gemütlichkeit verloren hat. Johannes XXIII. pflegte Besuchern, die auf rasche Entscheidungen drängten, entgegenzuhalten: „Cum tempore, cum tempore!" Er wollte, daß man sich Zeit ließe – wissend, daß die Zeit manche Probleme lösen kann, wenn man ihr nur die Chance dazu gibt. Heute wäre „cum tempore" eher ein Warnruf, ein Hinweis auf Tempo, Zeitdruck, Unvermeidlichkeiten, ein Signal, daß „der Countdown läuft". Die Zeit scheint heute ebenso zu schrumpfen wie der Raum.[27] Die Erde, das globale Dorf, scheint in einer immerwährenden Gegenwart zu leben – nur in Anwandlungen von Nostalgie lehnt man sich in die Vergangenheit zurück, oder man schweift in die Zukunft der Science Fiction-Phantasien.

Wie erstaunt wäre heute ein Augustin, wenn er von der verbesserten Sekunde hörte; kam er doch in seinen Zeitmeditationen zu dem erschreckenden Schluß, daß die physische Zeit nicht meßbar sei.[28] Im Jahr 1974 wurde die Atomsekunde zur Basis der sogenannten „Koordinierten Weltzeit" (UTC). Hören wir einen Kenner, Heinz Zemanek: „Für den Kalender ... hat diese Verbesserung einschneidende Folgen: Der Tag hat nicht mehr 86400s, jedenfalls nicht mehr jeder Tag. Seine Länge muß grundsätzlich gemessen werden, erst recht das Jahr. Und die Abweichung zwischen UT und UTC reicht sozusagen bis zur Quarzarmbanduhr: Von 1973

27 Hermann Lübbe, Zeit-Verhältnisse. Zur Kulturphilosophie des Fortschritts, Graz 1983; ders., Zeit-Erfahrungen. Sieben Begriffe zur Beschreibung moderner Zivilisationsdynamik (= Akademie der Wissenschaften und der Literatur Mainz, Abhandlungen der Geistes- und Sozialwissenschaftlichen Klasse, 5/1996), Stuttgart 1996.
28 Augustinus, Confessiones, 1 XI, c. 21–29; dazu Jules Chaix-Ruy, Les dimensions de l'être et du Temps, Paris 1953; Étienne Gilson, Notes sur l'être et le temps chez Saint Augustin, in: Recherches augustiniennes 2 (1962), 205–223; Kurt Flasch, Was ist Zeit? Augustinus von Hippo. Das XI. Buch der Confessiones. Historisch-philosophische Studie, Frankfurt 1993.

bis 1980 wurde in jeder Neujahrsnacht eine Schaltsekunde eingefügt, um den Gleichlauf zwischen der Atomuhr, die die Sekunde definiert, und dem Lauf der Sonne zu gewährleisten. Jedes Jahr hat also einen Tag mit 86401s. In 150 Jahren wird vielleicht eine weitere Schaltsekunde pro Jahr erforderlich werden ... Etwas übertrieben dargestellt: Wir sind in die Situation der alten Babylonier zurückgeraten. Zwar wird nicht mehr der Neumond ausgerufen oder ein Schaltmonat, aber die Schaltsekunde muß verlautbart und akzeptiert werden. Diese kleine Sekunde pro Jahr scheint keine weltbewegende Sache zu sein. Aber inzwischen sind ja auch unsere allgemeinen Genauigkeitsansprüche gewachsen. Ein Schaltmonat verhält sich zu einer Schaltsekunde wie eine Schaltsekunde zu 400 Nanosekunden – die Computertechnik ist längst darunter." Zemanek tut auch einen Blick in die Zukunft: „Die digitale Technologie ist in einem stetigen Fortschritt in Richtung auf noch kürzere Taktzeiten begriffen. Was in der Radar-(Funkmeß-)Technik mit der Mikrosekunde ($1\mu s = 10^{-6}s$, millionstel Sekunde) begann, ist heute bei der Nanosekunde ($1ns = 10^{-9}s$, milliardstel Sekunde) angelangt und wird in absehbarer Zeit mit der Picosekunde ($1ps = 10^{-12}s$, billionstel Sekunde) operieren. Die Picosekunde verhält sich zu einer Sekunde wie eine Sekunde zu rund 30000 Jahren."[29]

Ich stelle diesen Äußerungen über Schnelligkeit, Zeitschrumpfung und digitale Zeittechnik als Kontrast eine Beobachtung gegenüber: Seit Jahrzehnten vollzieht sich in unserer Zivilisation etwas, was man die „Entdeckung der Langsamkeit" nennen könnte. Sten Nadolnys

---

29 Heinz Zemanek, Kalender und Chronologie. Bekanntes & Unbekanntes aus der Kalenderwissenschaft, München [4]1987, S. 103–114 (109 f.).

Buchtitel steht für ein Zeitgefühl, das sich dem Zwang des „Immer höher, immer schneller" entzieht, das ganz bewußt andere, gemessenere Tempi erproben will, das den Augenblick festhalten und sich in ihn versenken möchte. Man kann diese neuentdeckte Lust an langsamen Bewegungen an vielen Stellen finden: am deutlichsten in der Musik, die sich von Beethoven zu Bruckner, Messiaen, Ligeti deutlich verlangsamt hat, aber auch in Theaterstücken, Pantomimen, seit einiger Zeit sogar in Filmen. Es ist nicht nur Erschöpfung nach der rasenden Beschleunigung der Geschichte in den letzten 150 Jahren, nicht nur nostalgische Rückwendung in ruhigere Zeiten – die Entdeckung der Langsamkeit hängt auch mit dem Einströmen östlicher Meditation und Kontemplation zusammen, mit der Berührung der Kulturen in der globalisierten Welt. Auch die Allgegenwart des ökologischen Themas in der westlichen Zivilisation hat damit zu tun. In Wirtschaft, Kultur und Politik wird das Pflegerische, Treuhänderische neu entdeckt. Es ist bezeichnend, daß die alten Schutzaufgaben des Staates in den vergangenen Jahrzehnten neu belebt worden sind, nachdem sie nach 1945 hinter den dynamischen Funktionen fast verschwunden waren – das Spektrum reicht vom Umweltschutz bis zur (globalen) Verbrechensbekämpfung, von der Sorge um die öffentliche Sicherheit bis zu den vielfältigen Systemen sozialer Vorsorge.

Der Komponist Hans Zender hat 1998 in einem Münchner Vortrag über „Alternativen zur Zeitvorstellung der europäischen Musik" gehandelt. Er schildert das konstruktiv und logisch geschlossene Denken der europäischen Avantgarde, das ihn geprägt hat, und die wachsenden inneren Widerstände dagegen. Der offene ästhetische Horizont, die grenzenlose Freiheit ohne alle Vorgaben, das Fehlen einer kulturellen Ordnung – das alles wird nicht mehr, wie noch in den sechziger und siebziger Jahren, als Glück und Chance empfunden. Die „totale Unbestimmtheit" von allem, die „völlige Kontingenz aller Zeichen" hinterläßt auch Enttäuschung, ja Schmerz. Da liegt es nahe, sich anderen Kulturen zuzuwenden, die nicht vom europäischen Zeitgefühl geprägt sind. Zender schildert das so:

„Die Welt des japanischen Zen ... hat mich sehr stark beeindruckt, und hier – nirgendwo anders – habe ich zum ersten Mal eine Alternative gespürt zu europäischer Zeitvorstellung. Wenn ich ab und zu gefragt werde: ‚Wie kommen Sie nun dazu, sich überhaupt mit dieser anderen Kultur zu beschäftigen? Was ist der Anreiz für Sie persönlich?', dann kann ich – auch wieder ganz ungeschützt, subjektiv – nur eine bestimmte Antwort geben: Es ist nicht primär ein ästhetisches Interesse, sondern ich habe in der japanischen Kultur genau zu dem Zeitpunkt, als ich den europäischen Nihilismus sehr stark als das Schicksal unserer Kultur erlebt habe, etwas in dem klassischen Japan wiederentdeckt, was in Europa degeneriert und was verschwunden ist, nämlich die Spiritualität. Die europäische Spiritualität scheint durch den ... Degenerationsprozeß der Metaphysik in Europa auch verschwunden zu sein. Ich bin fest überzeugt, daß sie nur scheinbar verschwunden ist, aber lebendig ist sie – für mich jedenfalls – auch heute noch zu finden im Japanischen, speziell im Umkreis des Zen. Hier gibt es eine Art von spiritueller Wachheit, die eben nicht auf Metaphysik, d. h. auch nicht auf der Logik und auf allen Konsequenzen des metaphysischen Denkens aufgebaut ist, sondern die einfach im Erleben des Nichts, aber im Sinne einer produktiven Leerheit, besteht. Man kann das Nichts ja als schrecklichen Endpunkt eines Todesprozesses verstehen, man kann es aber auch als die Keimzelle allen künftigen Lebens verstehen. Und genau das ist der Begriff des japanischen Zen, so daß hier der Ansatzpunkt (ist) – also gerade in einer Sphäre, wo schon das Zeichenhafte der Kunst, sei es der Musik, sei es der Literatur, fast keine Rolle mehr spielt. Das ist dann, glaube ich, der Raum, in dem sich die Kulturen letzten Endes begegnen können. Es ist der Raum der fast wortlosen mystischen Erfahrung, die der ganzen Menschheit gemeinsam ist und die genau deswegen unabhängig ist von den kulturellen Zeichen, die jede einzelne Kultur für sich ausprägt und die nun wiederum natürlich sehr gegensätzlich sind und gegenseitige Mißverständnisse auch unausweichlich machen."[30]

Im folgenden kommentiert Zender ein Stück, das er nach seinem ersten Japan-Besuch geschrieben hat. Es heißt „Muji Nokio", das Lied von der Nichtschrift. „Ich habe da zwei kompositorische Stränge komponiert. Es ist wie ein barockes Concerto grosso aufgebaut. Es gibt einen Teil, der sehr punktuell und absolut – ich möchte sagen, aus der Tradition des seriellen Denkens her – gedacht ist, und dann gibt es einen zweiten Komplex von Teilen, der in sich kreist, der so etwas wie eine endlose Zeit musikalisch formuliert ..." Das erste Stück „geht – so, wie die abendländische Zeit eben ist – immer vorwärts. Sie geht geradeaus, sie führt zu immer neuen Figuren und Erlebnissen. Die andere Zeit kreist in sich selbst, sie hat etwas Statisches, sie biegt sich in sich zurück und wird zu einer Art von musikalischem Bild. Es wird also die Gegenwart als eine ewige Gegenwart sozusagen vor den Hörer gestellt,

---

30 Hans Zender, Alternativen zur Zeitvorstellung der europäischen Musik (Vortrag in der Bayerischen Akademie der Schönen Künste am 21.4.1998; der Verfasser hat mir freundlicherweise die Bandnachschrift zur Verfügung gestellt), S. 7 f.

während die andere Musik eine Definition von Zeit hat, die sozusagen aus der Vergangenheit in die Zukunft immer weitergeht. Also die Pfeilrichtung gegenüber der Kreisrichtung."[31]

Lineare und zyklische Zeit

Pfeil und Kreis – wer würde nicht im Pfeil die christliche Zeitlinie wiedererkennen, die sich bis in die Denkbewegungen der Metaphysik, ja bis in ästhetische Phänomene wie die serielle Technik des Komponierens ausgedehnt hat? Ihr gegenüber steht die Kreisbewegung, die in sich schwingt, in der nichts abgeschlossen ist, die keinen erkennbaren Anfang, kein unwiderrufliches Ende hat, in der alles revidierbar ist. Es besteht kein Zweifel, daß diese zweite Zeitgestalt heute eine große Faszination auf viele westliche Intellektuelle, vor allem auf Künstler ausübt – mit ihr hofft man der Sinnentleerung zu entgehen, der puren Schnelligkeit und Selbstbewegung, in der die westliche Kultur sich immer hoffnungsloser zu verfangen scheint.

Manche bleiben bei der ästhetischen Annäherung an östliches Denken, östliche Kultur und Religion nicht stehen. Sie treten mit ihrer ganzen Existenz aus dem „Ein-für-allemal" der christlichen Zeiterfahrung heraus. Es gibt viele Wege. Ich skizziere die drei wichtigsten: sie heißen 1. Wiederkehr, 2. Wiedergeburt, 3. Wiederherstellung.

Die _ewige Wiederkehr des Gleichen_ ist vom späten Nietzsche – dem Philosophen, der nach eigenem Bekenntnis „mit dem Hammer philosophieren" wollte – mit herausfordernder Wucht in das europäische Denken

---

31 Zender (wie Anm. 30), S. 8.

56

hineingestellt worden; zu einer Zeit, in der Evolution und Fortschritt fast die Gültigkeit von Glaubenssätzen hatten. Unübersehbar ist der polemische Bezug auf das Christentum. Für Nietzsche wird aus der christlichen Verknüpfung der Zeiten durch Verheißung und Erfüllung eine Geschichte der Ressentiments, eine verhängnisvolle Verkettung von Sünde, Rache und Strafe. *Sie* will er aufsprengen durch einen schaffenden Willen: Den Willen des Übermenschen. Dieser Wille leidet darunter, daß er nicht zurück kann. Er rüttelt an den Gitterstäben der Zeit und ihres „Es war".[32] Er will das Gestern-Heute-Morgen, den Zeitpfeil, die Zeitlinie zusammenbiegen zu einem Kreis der Wiederkehr, so daß es keine Vergangenheit und Zukunft mehr gibt, sondern nur ewige Gegenwart. So kann die Zeit zurücklaufen, und „das, was war" ist nicht länger „der Stein, den er nicht wälzen kann". Der Wille zur Macht schafft Vergangenheit, Gegenwart und Zukunft neu, *weil* er sie will; und er schafft sie, *wie* er sie will. So soll der Mensch den Geist der Rache und das Zähneknirschen verlernen, mit dem das Christentum die Endlichkeit verdorben hat. Der Wille soll sich selbst „Erlöser und Freudebringer" werden – nicht in einem anderen oder kommenden Äon (Nietzsche nennt das Hinterwelt), sondern im Hier und Jetzt.

Nietzsches „griechische Option", sein Zurück zur „Großen Natur", zur „Ewigen Wiederkehr" ist mit guten Argumenten kritisiert worden. So hat Hubert Cancik darauf hingewiesen, daß Nietzsche die Antike zu einer antichristlichen und antimodernen Gegenposition verkürzt habe. „Er hat die Antike archaischer, ahistori-

---

32 So schon im *Zarathustra*: „Daß die Zeit nicht zurückläuft, das ist sein Ingrimm; „Das, was war' – so heißt der Stein, den er nicht wälzen kann" (Nietzsche, Also sprach Zarathustra, KSA 4, München/Berlin ³1993, S. 180).

scher, mythischer gemacht, die geschichtlichen subjektiven und utopischen Elemente ausgeschieden, die naturhaften übersteigert."[33] Das verhindert nicht, daß Nietzsches effektvolle Vereinfachungen bis in die jüngste Zeit immer wieder von vielen Denkern aufgenommen worden sind – selbst von so anspruchsvollen wie Gershom Scholem, Karl Löwith, Jacob Taubes. Vor allem die Gegenüberstellung des antiken zyklischen und des jüdisch-christlichen linearen Denkens hat Freunde gefunden und ist fast zu einem Lehrsatz geworden, ungeachtet der Tatsache, daß sich, wie früher dargetan, auch lineare Zeitkonstruktionen im antiken Denken und zyklische im christlichen finden.

Während Nietzsches Lehre auf Intellektuelle gewirkt (und das Klima der Zeit verändert!) hat, ist der Gedanke der _Wiedergeburt_[34] von Anfang an in breitere Kreise gedrungen. Er wird heute auch unter Christen lebhaft diskutiert. Vor Jahren schon hat Jacques Le Goff in seinem Buch „La naissance du Purgatoire" (1981) daran erinnert, daß die Lehre vom Fegefeuer, wie sie seit dem hohen Mittelalter ausgestaltet wurde, zumindest in ihrer formalen Struktur an östliche Läuterungsvorstellungen anklingt – sosehr sie anderseits, als strenge Aufrechnung des irdischen Lebens, in die Geschichte der Individualisierung christlicher Lehren im Abendland gehört. In bezug auf Kinder, die in unmündigem Alter sterben, hat Karl Rahner die Frage aufgeworfen, ob nicht die katholische Lehre von der

33 Hubert Cancik, Die Rechtfertigung Gottes durch den „Fortschritt der Zeiten". Zur Differenz jüdisch-christlicher und hellenisch-römischer Zeit- und Geschichtsvorstellungen, in: Die Zeit. Dauer und Augenblick, München/Zürich 1989, S. 257–288 (262).
34 Knappe Übersicht: Dominique Viseux, Das Leben nach dem Tod in den großen Kulturen, München ²1995; Trutz Hardo, Das große Handbuch der Reinkarnation, München 1998.

Läuterung im Fegefeuer so verstanden werden könne, daß es eine „postmortale Freiheitsgeschichte" für den geben könne, „dem eine solche Geschichte in seinem Leben versagt war". Er hat gefragt, ob nicht ein wiederholtes Erdenleben für diejenigen Menschen „als denkbar eingeräumt werden könnte, die in diesem irdischen (oder ersten) Leben nicht zu einer letzten personalen Entscheidung gekommen sind".[35]

Wie dem auch sei: Akademievorträge und -kurse über Tao und Unsterblichkeit, über das Totenbuch der Tibeter, über den Vedanta, über Seelenwanderung und Reinkarnation gehören heute zum Dauerangebot der Erwachsenenbildung, und auch an den Hochschulen, in den Seminaren, in den Medien sind sie im Vordringen. Psychologie und Psychotherapie haben das Thema entdeckt, in der Naturmedizin gibt es Rückführungstherapien, in denen der Patient in einen wachschlafähnlichen Zustand versetzt und zu den Ursachen seines Symptoms oder Problems zurückgeführt wird.[36] Diese Therapiemethoden machen sich die Weisheitslehren östlicher Religionen zu eigen – weshalb sie in den USA auch Reinkarnationstherapie (reincarnation therapy oder past life therapy) genannt werden.

Endlich die _Apokatastasis_ – eine alte Wetterecke dogmatischer Theologie seit Vätertagen. Carl Orff hat den Gedanken der „Wiederbringung" in seinem Spätwerk „De fine temporum comoedia" (1973) ästhetisch neu vergegenwärtigt. Er geht bekanntlich auf Origenes zurück, in dessen Denken antike Ideen der Periodizität des Weltlaufs nachwirken. Das Problem wird verengt, wenn es allein auf die Frage der Ewigkeit der Höllen-

---

35 Karl Rahner, Fegefeuer, in: Schriften zur Theologie XIV, Zürich u. a. 1980, S. 435–449 (448).
36 Hardo (wie Anm. 34), S. 11 f.

strafen bezogen wird. Dahinter steckt die umfassendere Problematik der göttlichen Heilszusagen, die auch für „den letzten" gelten. Die Frage, ob alle – auch die letzten – eines Tages das Heilsziel erreichen, hat, nach Pietismus und Rationalismus, auch die großen Theologen unseres Jahrhunderts beschäftigt, so Karl Barth und Hans Urs von Balthasar. Daß sie wieder in die Mitte der Theologie gerückt ist, gehört ins Bild der vielfältigen Zweifel, denen heute die alten schnellen Antworten auf Fragen nach Gottes Heilswillen begegnen.[37]

Was bleibt?

„Da steh ich nun, ich armer Tor ..." Was soll der schlichte Christ und gute Sünder zu diesem Panorama von neuen (oder alten) Problemen, Fragen, Haltungen und Neigungen sagen? Soll er die neuen Wege erproben, obwohl sie möglicherweise aus der Mitte, aus dem christlichen Ein-für-allemal herausführen? Oder soll er sie zurückweisen, eingedenk der strengen biblischen Mahnungen zur Achtsamkeit und Wachsamkeit?

Sicher ist: Die christliche Zeitlinie kann nicht einfach aufgegeben werden – sie kann auch nicht zum Kreis gebogen werden. Fluchtbewegungen aus dem Zusammenhang des „Gestern, Heute und Morgen" würden nicht nur das christliche Zeitverständnis in Frage stellen, sondern auch die Kultur der Verantwortung, die Struktur öffentlicher Rechenschaft, die sich ge-

---

37 Hans Urs von Balthasar, Kleiner Diskurs über die Hölle, Ostfildern [2]1987. Ergänzend sei auf die Anthropologie Romano Guardinis hingewiesen, in der die Erbsünde als „Verstörung des Menschenwerks" erscheint; siehe Gunda Brüske, Anruf der Freiheit. Anthropologie bei Romano Guardini, Paderborn u. a. 1998, bes. 262 ff.

schichtlich mit ihm verbunden hat.[38] Wie will man politische und soziale Rechenschaftspflicht begründen, wenn an die Stelle des linearen Fortgangs der ewige Kreislauf tritt? Gilt dann nicht allein der Wille, wird nicht jedes Recht zum Vorrecht der Mächtigen, landet man nicht notwendig in einer Gesellschaft, in der nichts wahr und alles erlaubt ist?

Wer dies feststellt, muß nicht blind sein gegenüber den Schwierigkeiten, denen die christliche Zeiterfahrung heute nicht selten begegnet. Sie ist vielfach vom Fortschrittsparadigma überlagert und ihres personalen und geschichtlichen Charakters entkleidet worden. Christlicher Wandel im Horizont göttlicher Zukunft ist aber immer mehr als formale Fortbewegung nach dem Gesetz des „Größer, Höher, Schneller". Er ist Fortbewegung auf ein Ziel, ein Ende zu. Die Zeit hat einen Anfang und ein Ende. Der Christ weiß, daß das Ende immer schon nahe ist. Er mißtraut den Programmen innergeschichtlicher Perfektibilität. Er weiß, daß der Fortschritt – den er begrüßt – nicht unendlich sein kann, weil die Welt auf ihr Ende zuläuft, weil sie von Gottes Zeit eingeholt wird.

Daß alles irdische Tun unter einem „eschatologischen Vorbehalt" (Erik Peterson) steht, macht Christen in allen weltlichen Bereichen frei für sachliche und pragmatische Lösungen. Sie müssen profane Entscheidungen nicht theologisch begründen und rechtfertigen. Sie können der Autonomie der weltlichen Sachbereiche Rechnung tragen. Damit wird Politik (und öffentliches Handeln überhaupt) aus der alten Identifikation mit Religion und Kult herausgenommen und zu sich

---

38 Vgl. William J. Hoye, Demokratie und Christentum. Die christliche Verantwortung für demokratische Prinzipien, Münster 1999, 33 ff., 37 ff.

selbst gebracht. Der Christ weiß ewiges Heil und irdisches Wohl zu unterscheiden. Da die himmlische Rechenkunst sein Innerstes gefangennimmt, kann er sich in den profanen Feldern von Wirtschaft, Politik, Kultur leicht und ohne Zwang bewegen.

Bei allem Zulaufen auf das Ende (ja in diesem Zulaufen selbst!) kann die Zeit für den Christen ein Fest sein. Sie ist es vor allem dort, wo er sich dem Kommen Gottes öffnet – wo die Gemeinschaft der Feiernden einstimmt in die himmlische Liturgie. Feste gehen verschwenderisch um mit der Zeit. Sie wollen lange, am liebsten ewig dauern. So sind Gottesdienste, Feste und Feiern ein Abglanz des „ewigen Festes". Aus ihnen entwickelt sich das Kirchenjahr als ein großes Repetitorium der Heilsgeschichte – als stetige Wiederholung des Einmaligen zum Zweck der Verkündigung und Einübung. Mit dem Sonntag, mit den kirchlichen Feiertagen ragt diese Festkultur bis in unsere Gegenwart hinein.

Zur christlichen Zeiterfahrung gehören nicht nur Sorge und Wachsamkeit, das „Auskaufen der Zeit" angesichts der bösen Tage und des bevorstehenden Endes. Zu ihr gehört auch das Grundvertrauen in die Sorge des himmlischen Vaters, der die Vögel des Himmels und die Lilien des Feldes ernährt. Gerade heute müßten Wachsamkeit und christlicher Ernst ergänzt werden durch christliche Leichtigkeit und Heiterkeit. Nur wenn beides zusammenkommt, kann das christliche Zeitgefühl in der Zukunft neue Ausstrahlung und werbende Kraft gewinnen.

Das christliche Zeitgefühl umfaßt viele Elemente und unterschiedliche Formen – auch solche, die miteinander in Spannung stehen. Das hängt mit der geschichtlichen Entwicklung zusammen, die wir betrachtet haben. Christentum heißt ja immer Aufbruch und Ausfahrt, ständiges Über-Setzen an neue Ufer, griechische, römische, germanische, moderne – mit einem Wort: Inkulturation. Es ist klar, daß sich die christlichen Zeitvorstellungen der ersten beiden Jahrtausende an den philosophischen Überlieferungen der Alten Welt orientiert haben. Es könnte sein, daß sie im dritten Jahrtausend neue Wurzeln schlagen im Boden anderer Kulturen. Vielleicht werden dort die Lilien des Feldes unbefangener blühen können als in der von apokalyptischen Ängsten verschatteten europäischen Welt.

3. Arbeit

Denn als wir bei euch waren,
haben wir euch die Regel eingeprägt:
Wer nicht arbeiten will, soll auch nicht
essen.

Paulus, 2. Thess 3, 10

Eine der auffälligsten Wirkungen des Christentums ist
die veränderte Einschätzung der Arbeit (genauer: der
körperlichen Arbeit, der Handarbeit) in der Gesellschaft. Während Arbeit in der antiken Welt im großen
und ganzen negativ bewertet wird und als eines freien
Geistes nicht würdig gilt,[1] gewinnt sie in christlichen
Zeiten Schritt für Schritt an Ansehen und öffentlicher
Wertschätzung. Dies freilich nicht, indem Arbeit „als
solche" neu gesehen wird (es gibt im Neuen Testament
noch keine Theologie der Arbeit!),[2] wohl aber, indem
der gesellschaftliche Bezugsrahmen verändert wird, in

---

1 Art. Arbeit, Arbeiter (Werner Conze), in: Geschichtliche Grundbegriffe. Historisches Lexikon zur politisch-sozialen Sprache in
Deutschland, hg. von Otto Brunner, Werner Conze, Reinhart
Koselleck, Bd. 1, Stuttgart 1972, 154–215, 216–242; Venanz Schu-
bert (Hg.), Der Mensch und seine Arbeit. Eine Ringvorlesung der
Universität München, St. Ottilien 1986; hierin: Christian Meier,
Arbeit, Politik, Identität. Neue Fragen im alten Athen? Und Wilfried Stroh, Labor improbus: Die Arbeit im antiken Rom (aaO
47 ff., 111 ff.). Meier wie Stroh betonen die örtlichen und zeitlichen
Differenzierungen in der Einschätzung der Arbeit in Griechenland
und Rom. Gemessen an der wachsenden Schätzung der Arbeit in
Mittelalter und Moderne bleiben griechische und römische Antike
freilich Zeiten einer grundsätzlichen „Antibanausie".
2 Siehe Wolfhart Pannenberg, Fluch und Segen der Arbeit, ebda (wie
Anm. 1), 23 ff.

dem sie sich vollzieht. Schon Paulus betont, er verdiene seinen Lebensunterhalt selbst, um niemandem zur Last zu fallen. Das empfiehlt er auch anderen, und in diesem Zusammenhang fällt der Satz, der sicher vielen Zeitgenossen hart in den Ohren klang:[3] „Wer nicht arbeiten will, soll auch nicht essen."

Bete und arbeite

In der Geschichte des Christentums klingt dieser paulinische Satz vielfältig wieder – unter anderem in Augustins *De opere monachorum*.[4] An Verbreitung, Wirkung, Popularität übertrifft ihn freilich weit das „Bete und arbeite!" der Regel des heiligen Benedikt.[5] Ausführlich argumentiert der große Ordensgründer (und

---

3 Franz Werfel, Zwischen oben und unten, Stockholm 1946, meinte sogar, dieser „sadistische Grundsatz, der schadenfroh einen traurigen Sachverhalt feststellt", enthalte „eine der tiefsten Erniedrigungen des Menschen. Er numeriert die metaphysische Wichtigkeit meines Lebens zu ökonomischer Nichtigkeit hinunter." Werfel bringt diesen Satz in Verbindung mit der „Armseligkeit der sozialistischen Häresie" (aaO 232). Der paulinische Kontext ist freilich ein anderer, vgl. Nikolaus Lobkowicz, Der „christliche Sinn" der Arbeit. Eine historische Skizze, in: Internationale Katholische Zeitschrift Communio 27 (1998), 193–204. Hier wird zu Recht darauf hingewiesen, daß Paulus hier jüdische Traditionen fortführt, nach denen es sich auch für Rabbiner fast von selbst verstand, daß sie einem weltlichen Beruf – meist einem Handwerk – nachgingen (aaO 194).

4 Siehe Anm. 10.

5 Regula Benedicti – Die Benediktusregel, lat./dt., hg. im Auftrag der Salzburger Äbtekonferenz, Beuron 1992 (im folgenden zit. als: RB), 184–186; Die Benediktsregel. Eine Anleitung zu christlichem Leben. Der vollständige Text der Regel, lateinisch-deutsch, übers. und erkl. von Georg Holzherr, Abt von Einsiedeln, Zürich/Einsiedeln/Köln ²1982 (im folgenden zit. als: Holzherr), 235–238 (Text), 238–245 (Kommentar). – Dt. Fass. von mir, H. M.

Meister der Psychologie!) dort im Kapitel 48 gegen die Faulheit:

„Otiositas inimica est animae, et ideo certis temporibus occupari debent fratres in labore manuum, certis iterum horis in lectione divina." (Müßiggang schadet der Seele, und darum sollen sich die Brüder zu bestimmten Zeiten mit Handarbeit, zu anderen Stunden mit geistlicher Lesung beschäftigen.) Zu Recht gilt dieser Satz als ein Angelpunkt in der Ordens- und Kirchengeschichte Europas, ja in der europäischen Sozialgeschichte überhaupt. Ging doch von dieser Vorschrift – so sahen es Ernst Troeltsch und Max Scheler – jene christliche Neubewertung der Arbeit aus, welche die antike Arbeitsverachtung überwand und die neuzeitliche Hochschätzung der Arbeit als Quelle menschlicher Freiheit und Selbstbestimmung vorbereiten half.[6]

„Ora et labora", bete und arbeite – mit dieser Kurzformel hat man den Inhalt des Kapitels 48 der Benediktregel zusammengefaßt.[7] Der vielzitierte Satz steht zwar nicht wörtlich in der Regel, er stammt erst aus späterer Zeit; aber er umschreibt doch eine Absicht des Ordensgründers: Gebet und Arbeit sollen in ein sinnvolles Verhältnis zueinander gebracht werden, beide sollen einander ablösen im klösterlichen Tages-

---

6 Ernst Troeltsch, Die Soziallehren der christlichen Kirchen und Gruppen, Tübingen 1919, 30 ff.; Max Scheler, Christentum und Gesellschaft, 2. Halbband, Leipzig 1924, 97.

7 Gründliche Untersuchungen zum Ursprung der Formel „ora et labora" fehlen. Daß sie nicht nur im westlichen Mönchtum vorkommt, sondern auch in östlichen Mönchsregeln anklingt, weist nach: Demosthenes Savramis, „Ora et labora" bei Basilios dem Großen, in: Kyrios. Vierteljahresschrift für Kirchen- und Geistesgeschichte Osteuropas VI (1966), 129–149. Allgemein vgl. Peter Kawerau, Das Christentum des Ostens, Stuttgart 1972; Wolfgang Heller, Orthodoxes Mönchtum, in: Kulturgeschichte der christlichen Orden, Stuttgart 1997, 297–312.

lauf, ein fester Zeittakt soll sich einbürgern, wobei der Abt auf die besonderen Umstände und die Eignung des einzelnen Mönchs zu achten hat. Gebet und Arbeit gehören zusammen, sie sind Elemente jener „Schule für den Dienst des Herrn", als die Benedikt das Klosterleben versteht. Man muß sie unterscheiden, man muß sie aber auch aufeinander beziehen. Denn zum Leben im Kloster gehört beides: das „orationi frequenter incumbere" und das „non esse pigrum"; der Mönch soll sich öfter zum Gebet niederwerfen, doch es wird auch verlangt, daß er nicht faul sein soll.[8]

Mahnungen dieser Art sind in der Geschichte des Mönchs- und Klosterlebens nicht neu. Im Gegenteil, die jüngere Forschung hat viele Parallelen, viele Vorstufen und Vorläufer jener benediktinischen Vorschrift ermittelt, in Kleinasien, Ägypten, Afrika, im südgallischen und jurassischen Mönchtum des 5. und 6. Jahrhunderts – so viele, daß Benedikt zeitweilig wie ein wenig origineller Redaktor und Kompilator dazustehen schien. Gleich der Anfang des Kapitels 48, die Warnung vor dem Müßiggang, ist wörtlich von Basilius, dem großen Mönchsgesetzgeber des Ostens, übernommen[9]; an mehreren Stellen klingt Augustins „De opere monachorum" an, eine Schrift, in der die Zweiteilung des Mönchslebens in Handarbeit einerseits, Lesung und Gebet anderseits in ganz ähnlichen Worten geschildert und als Ideal gefeiert wird wie bei Benedikt.[10] Auch das Arbeitsethos der Benediktregel hatte seine Vorläufer: Schon die Wüstenväter waren bemüht, von ihrer eigenen Hände Arbeit zu leben – und über eine bestimmte Spezies von „Kontemplativen",

---

8 RB 86–95; Holzherr 77–81 (Text), 81–95 (Kommentar).
9 Holzherr 238, 246 f., 382.
10 Augustinus, De opere monachorum, cap. XXIX.

die sich für körperliche Arbeit zu fein dünkten, gibt es erfrischend bärbeißige Äußerungen schon aus den ältesten Tagen des Mönchtums. Es wäre zu einfach, wollte man östliches „kontemplatives" und westliches „aktives" Mönchtum einander gegenüberstellen, wie es eine Zeitlang in der älteren Forschung üblich war[11]: Auch die östlichen Väter kannten sehr wohl die Teufel, die sich auf den Faulen, den Unbeschäftigten stürzen, und fürchteten sie. Sagte man doch bei den Ägyptern: „Ein Mönch, der arbeitet, wird von *einem* (Arbeits-)Teufel gezwickt, ein arbeitsscheuer wird von *zahllosen* Dämonen überfallen."[12]

Kurzum, Benedikts Ordensgründung war kein Akt revolutionärer Neuerung. Viele Elemente seiner Regel finden sich schon im älteren Mönchtum, in westlichen und östlichen Traditionen. Neu ist jedoch der Bauplan, nach dem diese Elemente in ein Verhältnis zueinander gebracht werden, neu ist die Klugheit und Flexibilität des Vorgehens, die Breite und Differenziertheit der Anlage. Liest man den großen Prolog der Benediktregel und das erste Kapitel, das von den Mönchsarten handelt, so spürt man etwas von der Aufbruchsstimmung der Zeit. Die Epoche war reif für Entscheidungen, für Konsequenzen aus tastenden Anfängen, aus Experimenten und Fehlschlägen. So stellt sich Benedikt gegen die schweifenden, umherziehenden Mönche, die Gyrovagen: Er proklamiert den festen Ort, die Bindung an das Kloster. So wehrt er religiösen Individualismus, falsche Askese, Regel- und Disziplinlosigkeit ab. Es geht um klare Zuständigkeiten, um

---

11 Kräftige Nachklänge noch bei Vitalis Maier und Emil Franzel, Europa und die benediktinische Geistigkeit, Ottobeuren 1980, mit allzu einfachen Gegenüberstellungen „östlicher" und „westlicher" Positionen (7–9).
12 Holzherr 240, 383.

das rechte Verhältnis von Hirt und Herde. Es gilt, wie er sagt, der kraftvollsten Mönchsart, den Koinobiten, mit Gottes Hilfe eine Lebensordnung zu geben.[13] Zu ihr gehört auch ein stimmiges Verhältnis zur Arbeit im Rahmen der großen Aufgabe, die alles Tun des Mönchs zusammenfaßt, der Verherrlichung Gottes.

Das Neue kommt also bei Benedikt auf leisen Sohlen – und in der Tat kann man die Notwendigkeit der Mönchsarbeit kaum vorsichtiger begründen, als er es tut. Kein Wort vom Eigenwert der Arbeit, wie er uns Heutigen ganz selbstverständlich ist; selbst das ermutigende augustinische Wort, die Arbeit diene der *exhilaratio*, der Ermunterung, Aufheiterung der Seele[14], sie reiße den Geist aus Trübsal und Selbstbezogenheit heraus, fehlt in der Benediktregel. Nur als Mittel gegen Müßiggang wird die Arbeit von Benedikt eingeführt und vorgestellt. Kann man unpathetischer, skeptischer von Arbeit reden? Arbeit soll nach der Regel strikt auf das Kloster bezogen bleiben und unter der Kontrolle des Abtes stehen. Ihrer Verfestigung, Verselbständigung in eigenen Institutionen wird vorgebeugt[15]. Niemand soll sich auf sein Können etwas einbilden. Tut er es doch, muß er aus seiner Tätigkeit entfernt werden, bis er zur Demut zurückgefunden hat! Man sieht: das ist zwar nicht mehr das alte Arbeitsverständnis – Arbeit gesehen ausschließlich als Sündenstrafe und allenfalls zu asketischer Disziplinierung tauglich; aber es ist auch noch nicht die moderne Arbeit, in der aller Wert, alle Würde des Menschen liegt. Bei Bene-

---

13 So der Schluß von Kap. 1 der Regel: „His ergo omissis ad coenobitarum fortissimum genus disponendum adiuvante domino veniamus" (RB 74; Holzherr 55, 57, 62).
14 Augustinus, De genesi ad litteram, lib. VIII, 8.
15 Zum folgenden Hermann Dedler, Vom Sinn der Arbeit nach der Regel des heiligen Benedikt, in: Benedictus. Der Vater des Abendlandes 547–1947, München 1947, 103–118.

dikt wird die Arbeit nüchtern einbezogen in den klösterlichen Dienst. Sie ist ein Mittel zum Zweck; sie bleibt eingebunden in die Mönchsgelübde, in Gehorsam und Armut. Der Mönch nimmt sie willig aus der Hand des Abtes entgegen, es ist die Arbeit des Klosters, nicht seine eigene – und er arbeitet, obwohl er aufgrund seiner Gelübde kein Eigentum mit dieser Arbeit erwerben kann. Der Abt hat dafür zu sorgen, daß die Arbeit den einzelnen nicht belastet und überfordert; sie darf das Gemüt des Mönchs nicht verdüstern, darf ihm nicht die für das Klosterleben entscheidende Ruhe und Sammlung rauben. Das *otium, die Ruhe* – Grundbedingung des mönchischen Lebens – darf nicht verlorengehen, auch wenn die *otiositas, der Müßiggang,* entschieden zu bekämpfen ist. So etwa könnte man die Balance, die Benedikt erstrebt, umschreiben. Er steht hier zwischen den Zeiten: nicht mehr rundum ein antiker Mensch, aber gewiß noch weniger ein heutiger, moderner.

Benedikts Vorsicht und Skepsis könnten überraschen angesichts der Tatsache, daß seine Regel der Arbeit breiten Raum im Ablauf eines Tages zuweist. Fünf bis acht Stunden am Tag sind für die Handarbeit vorgesehen, und das Spektrum ist umfangreich: Küche und Keller, Pforte, Krankenzimmer, Bäckerei, Mühle, Werkstätten – nicht zu reden von Garten- und, falls nötig, Feldarbeit.[16] Auch findet sich zumindest *ein* Zug in seiner Regel, der auf die moderne Arbeitsauffassung vorausweist: Alle Arbeit ist mit großer Gewissenhaftigkeit auszuführen, die Arbeitsgeräte sind sorgsam zu behandeln, wer etwas zerbricht oder verliert, muß dafür eine Buße auf sich nehmen usw.[17] Auch die pünktliche Einteilung von Tag und

---

16 Dedler (wie Anm. 15), 104.
17 So die Kap. 31, 32, 46 der Regel (RB 152–157, 182 f.; Holzherr 188–196, 232–234).

Nacht, die Gliederung der Zeit in Gottesdienst, Lesung und weltliche Arbeit, die sorgliche Nutzung aller Stunden, dies alles weist auf den modernen, rationalen und rechenhaften Umgang mit der Zeit voraus – sosehr die Ursprünge der benediktinischen Regulierung der Zeit (und älterer Regulierungen) in alten römischen zivilen und militärischen Zeiteinteilungen liegen. In all dem trug die Benediktregel Keime künftiger Entwicklung und Entfaltung in sich. Sie konnte beweglich auf die Notwendigkeiten späterer Zeiten eingehen. Aber sie war noch nicht das Manifest einer selbständig hervortretenden „Welt der Arbeit"; sie wies der Arbeit nur – bedeutsam genug – eine zentrale Stelle im mönchisch geregelten Tageslauf zu und verankerte sie damit im Ordensleben, im Herzen des „Lebens nach dem Evangelium".

Arbeit und Erwerb

In der Folgezeit löste sich die Arbeit aus dieser Verankerung heraus; sie gewann Eigenständigkeit und eigenen Wert, wurde zum schöpferischen Werk, zum Instrument menschlicher Erfüllung. Der arbeitende Mensch trat in den Mittelpunkt von Gesellschaft und Politik. Das ist ein oft dargestellter zentraler Vorgang europäischer Sozialgeschichte[18], der unser Leben und Denken bis zum heutigen Tag bestimmt.

Auch hier vollziehen sich die Entwicklungen leise und unmerklich, in fließenden Bewegungen, nicht in

18 Die Literatur ist kaum überschaubar; Zusammenfassungen (mit weiterer Literatur) bei Franz Steinbach, Der geschichtliche Weg des wirtschaftenden Menschen in die soziale Freiheit und politische Verantwortung (= Arbeitsgemeinschaft für Forschung des Landes Nordrhein-Westfalen, Heft 15), Köln-Opladen 1954, 5–51; Werner Conze, Art. Arbeit (wie Anm. 1). Dort weitere Literatur.

raschen Schüben. Der breiteste „langdauernde" Vorgang ist die allmähliche Verwandlung der Arbeit aus einer bedrückenden Mühsal in ein erstrebenswertes Werk (1). Damit Hand in Hand geht die Loslösung der Arbeit von den Klassen- und Standeseinteilungen der Gesellschaft (2). Jüngere Vorgänge sind das Entstehen eines umfassenden, alle Christen verpflichtenden Berufsverständnisses in und nach der Reformation (3) und endlich das Hervortreten einer bürgerlichen „Welt der Arbeit", in der sich Herrschaftsverhältnisse allmählich in Arbeitsverhältnisse umwandeln (4).

1. Daß der Mensch sein Brot im Schweiß des Angesichtes ißt, daß Arbeit Mühe, ja Qual sein kann, bedrückende Last und harter Kampf, diese Einsicht findet sich in vielen Sprachen und Kulturen. Die älteren Worte für Arbeit – ponos im Griechischen, labor im Lateinischen, auch das alt- und mittelhochdeutsche arapeit, arebeit[19] – betonen denn auch das Lästige, Mühselige, Unerfreuliche schwerer körperlicher Tätigkeiten, die der Mensch auf sich nehmen muß, um sein Leben zu fristen; es sind abschreckende Worte, sie lassen wenig Ermutigung verspüren, eher wirken sie wie eine stille Aufforderung, sich dieser Mühe zu entziehen, wenn man dazu in der Lage ist. Dabei liegt die Betonung des Wortes Arbeit ursprünglich ganz auf der Mühsal des *Tuns*; das *Werk*, das möglicherweise aus dieser Mühsal entsteht, kommt gar nicht in den Blick. Arbeit ist eben eine Sisyphosarbeit, endlos und sinnlos sich wiederholend; der Stein rollt immer wieder zutal, und alles muß von vorn beginnen.

Die jüdisch-christliche Tradition weiß wenigstens

---

19 Deutsches Wörterbuch von Jacob und Wilhelm Grimm, Bd. 1 (1854, Neudruck 1984), Sp. 538–541.

die *Gründe* für solchen Übelstand zu nennen: Arbeit als Pein, das ist die Folge des Sündenfalls, die Strafe für menschliche Anmaßung. Doch Arbeit kann auch eine Chance sein für den, der sich ins Unvermeidliche fügt und seine Pflichten willig auf sich nimmt. So rückt die Arbeit – ohne ihren Mühsal-Charakter zu verlieren – allmählich aus dem Kontext von Sinnlosigkeit, Ärgernis und Überdruß heraus. Sie gewinnt erzieherischen Wert: Arbeiten ist besser als faulenzen. „Wer nicht arbeiten will, soll auch nicht essen", so lautet die paulinische Mahnung[20]. Und auch eine positive Sinngebung taucht schon auf: Wird die Arbeit, trotz ihrer Mühsal (die auf das gottwidrige Verhalten des Menschen, nicht auf den Schöpfer zurückgeht!) mit Freude getan, zum Lob Gottes und zur Hilfe für die Mitmenschen, so kann sie für den Menschen reiche Früchte bringen. Der Mensch setzt dann, wie Augustin sagt, das Schöpfungswerk Gottes fort; denn die Arbeit als solche ist ja keineswegs eine Folge des Sündenfalls (höchstens ihre Verschärfung, ihr Pein- und Strafcharakter!); in Wahrheit hat der Mensch schon im Paradies gearbeitet[21] – und so gilt für alle Arbeit auf Erden, auch für die körperliche, „knechtliche", daß sie Achtung und Respekt verdient.

2. Damit lockert die christliche Predigt die Klammer, welche in der alten Welt – und lange auch noch in der christlichen! – Arbeits- und Gesellschaftsordnung miteinander verbindet. Arbeit, körperliche Arbeit, kann jetzt nicht mehr auf Unfreie, Dienende, Handwerker beschränkt und daher sozial abgewertet werden; umgekehrt kann sich der Edle der Arbeit nicht mehr mit dem

---

20 2. Thess 3, 10.
21 Augustinus (wie Anm. 14).

Argument entziehen, sie mache unfrei. Damit verwischen sich die scharfen Trennungslinien der Ständeethik, die in der Antike so entscheidend zur *praktischen* Abwertung der Arbeit beigetragen hatten – mehr noch als alle *theoretisch* begründete, auf philosophische Argumente gestützte „Antibanausie".[22] Arbeit wird jetzt zum Ausdruck allgemeiner, für alle geltender Menschenpflicht, zum Ausfluß einer *conditio humana*, die keine Stände, keine Klassen kennt. Dementsprechend wendet sich die Sozialkritik der Zeit nicht mehr, wie im Altertum, gegen den „Banausen", sie wendet sich im Mittelalter immer stärker gegen diejenigen, die *nicht* arbeiten, sei es, daß sie andere für sich arbeiten lassen, sei es, daß sie ihre Privilegien, ihre Pfründen genießen. Der Hintergrund solcher Mahnungen ist unverkennbar: *Alle* sollen arbeiten, niemand darf sich der Arbeit entziehen, nicht der Ritter, nicht der Bauer, nicht der Kaiser, nicht der Mönch. Arbeit ist Gottesgebot und dient dem Nächsten, und gerade wenn sie schwer, ja unerträglich wird, darf sie nicht auf die Schwachen abgeschoben werden. Soll ein gemeinsames Werk entstehen, müssen alle zusammenwirken. „alliu diu antwerk oder ander arbeit, sie sîn geistlich oder weretlich, die eht der werlte nützelich und êrlich sind, … die sol man arbeiten mit der triuwe und mit der gerehtikeit, daz es iu nütze werde an lîbe und an sêle" – diese Maxime des Berthold von Regensburg[23] gilt für alle Stände in der Christenheit, auch wenn die einzelnen Arbeiten in den Lehren der Theologen und Philosophen vielfach noch höchst unterschiedlich bewertet werden.

---

22 Conze, Art. Arbeit (wie Anm. 1), 155–158; vgl. auch die Diskussion zu Steinbach (wie Anm. 18), 52–65.
23 Zit. bei Conze, Art. Arbeit (wie Anm. 1), 162.

3. Die Eingliederung der Arbeit ins christliche Leben, gemeinsam mit Gottesdienst, Lesung, Gebet, ist ein Werk der Orden, insbesondere des Benediktinerordens und seiner Nachfolger, gewesen. Was sich in der mittelalterlichen Christenheit zu entfalten begann, war in der Benediktregel zuerst formuliert und vorweggenommen worden. Es war daher kein Zufall, daß Mönche nicht nur ihre Spuren in der Kirchen-, Liturgie- und Geistesgeschichte des Abendlandes hinterließen, sondern auch die Gestalt des mittelalterlichen Europa bis hin zur Landschaft durch ihre Arbeit prägten: durch Rodungen, Urbarmachen des Bodens, Trockenlegung von Sümpfen, durch Viehzucht und Forstwirtschaft, Bau von Brücken und Dämmen – nicht zu reden von wissenschaftlichen und künstlerischen Unternehmungen vielfältiger Art[24]. So hat Friedrich Prinz gefragt, „ob der gewaltige Impetus, der hinter dem mittelalterlichen Landesausbau seit dem 7. Jahrhundert spürbar wird, ohne das Beispiel rodender und zugleich missionierender Mönche möglich gewesen wäre. Die christliche Neuwertung der Arbeit, praktiziert am Beispiel der klösterlichen Rodungsgrundherrschaften, war damit ein Teil der weiter in die Tiefe gehenden Christianisierung, das christlich-monastische Arbeitsethos wirkte sich unmittelbar als kulturelle Pionierleistung aus ... Sobald daher das antizivilisatorische Ressentiment des spätantiken Stadtmönchtums im städtearmen Norden gegenstandslos wird, treten auch die Heiligenviten dem, was durch Arbeit an Schönem, Nützlichem und Angenehmem geschaffen wurde, unbefangener gegenüber. Nicht mehr die Häßlichkeit der Behausungen, die Ärmlichkeit und Primitivität der Kleider und Gerä-

---

24 Theodor Bogler (Hg.), Beten und Arbeiten. Aus Geschichte und Gegenwart benediktinischen Lebens, Maria Laach 1961.

te werden als rechtes Milieu monastischer Askese ausführlich dargestellt, sondern es ergehen sich jetzt die Hagiographen oft umgekehrt in begeisterten Schilderungen des Reichtums und der künstlerischen Ausgestaltung der Klöster, der Schönheit und Fruchtbarkeit der sie umgebenden Landschaft. Die Früchte der Arbeit, die aus der Einbeziehung des heidnischen *labor improbus* in das monastische Leben erwachsen sind, geben somit die materiellen, aber auch die geistigen Voraussetzungen, auf denen sich dann seit der zweiten Hälfte des 8. Jahrhunderts und vor allem im 9. Jahrhundert die kulturelle Blüte der ‚karolingischen Renaissance‘ entfalten konnte."[25] Speziell die kulturellen Aktivitäten der Orden reichen tief ins moderne Europa hinein. Erst in den neuzeitlichen Jahrhunderten werden sie durch andere Strömungen in ihrer Wirkung begrenzt und allmählich zurückgedrängt.

Das neuzeitliche Arbeitsethos hat seinen Schwerpunkt nicht mehr im Kloster, sondern „in der Welt". Doch auch dieses Arbeitsethos verdankt seine Wirkung zu einem guten Teil geistlichen, religiösen Anstößen. Indem die Reformatoren das allgemeine Priestertum der Gläubigen neu entdeckten, stellten sie einerseits die klösterliche *vita contemplativa* als privilegierten Weg des „Lebens nach dem Evangelium" in Frage. Anderseits übertrugen sie nunmehr das Prinzip der Arbeit um Gottes und des Nächsten willen mit radikaler Entschiedenheit auf *alle* Gläubigen, *alle* Tätigkeiten, *alles* Handeln von Christen in der Welt. Das zeigt sich am deutlichsten am Wandel des Wortes *Beruf:* Wurde dieses Wort vorher meist geistlich verstanden, als Berufung, Erwählung, so nimmt

---

25 Friedrich Prinz, Frühes Mönchtum im Frankenreich, München-Wien 1965, 538 f.

es jetzt eine moderne, viel allgemeinere Bedeutung an. War es ein Vorgang der Säkularisierung? Oder vielmehr ein energischer Anlauf zur Vergeistlichung der Welt? Die Klosterpforte wurde den Protestanten verschlossen – doch nur deshalb, weil nun die ganze Welt „ein Kloster" war und der Christ Gottes Willen auf Erden zu vollstrecken hatte. „Du glaubst, du seist dem Kloster entronnen", sagte Sebastian Frank, „es muß jetzt jeder sein Leben lang ein Mönch sein".[26] Das Arbeitsethos wurde mit Hinweis auf die „faulen Mönche" (im Visier waren vor allem die Bettelmönche!) aus der alten Verbindung mit Muße, Kult, Betrachtung herausgelöst, es wurde mitten in die Welt hineingestellt. Die Ablehnung der geistlichen oder adeligen Muße, die heftige Abneigung gegen Bettel und Bettelmönche, der Widerwille gegen Müßiggang, aber auch gegen freiwillig übernommene Armut – das alles führte dazu, daß die kontemplative Lebensweise verketzert und zurückgedrängt, die bürgerliche Arbeit dagegen aufgewertet und erhoben wurde, manchmal bis zur Vergötterung und Vergötzung. Einseitigkeiten blieben nicht aus. Vor allem in den calvinistischen Ländern und Regionen Europas rückten Christenstand und Arbeitspflicht einander so nahe, daß sie vielfach miteinander gleichgesetzt wurden. Dabei wirkten, aller Erhöhung und Verbürgerlichung der Arbeit zum Trotz, die alten Arbeitsbegriffe nach. Arbeit wurde immer auch als Strafe und als Erziehungsmittel verstanden. Im 16. Jahrhundert bereits entstanden – nomen est omen! – die ersten „Arbeits- und Zuchthäuser".[27] Langsamer löste sich die lutherische Welt von der Vergangenheit; sie setzte Arbeit

---

26 Zitiert bei Franz Steinbach (wie Anm. 18), 42.
27 Conze, Art. Arbeit (wie Anm. 1), 164 f.

nicht einfach mit Erwerb und bürgerlichem Erfolg gleich und hielt daran fest, der Mensch dürfe sein Herz nicht an irdische Güter hängen.[28] Doch trotz aller Unterschiede war es nun mit der Integration von Gebet und Arbeit im Rahmen eigener, die Gesellschaft umfassender geistlicher Lebensformen in allen Kirchen der Reformation für lange Zeit vorbei. Es dauerte bis zum 19., ja bis zum 20. Jahrhundert, ehe der Gedanke geistlicher Gemeinschaften (Bruderschaften, Kommunitäten) in der evangelischen Welt erneut Wurzeln zu schlagen begann.

4. So gab die Reformation, teils willentlich, teils ungewollt, den Weg frei zur modernen Welt der Arbeit und des Erwerbs – einer Welt, in der Arbeit nicht mehr begrenzt und balanciert war durch die geistlichen Widerlager älterer Zeiten, in der sie vielmehr als eigene Macht mit eigenem Recht siegreich in den Vordergrund trat. Gewiß, das konnte für die Christen eine Herausforderung sein – eine Einladung, ihr Heil in *dieser* Welt zu wirken, sie zu durchdringen und zu formen nach göttlichem Gebot. War es nicht auch Benedikts Ziel gewesen, „daß in allem Gott verherrlicht werde"? Sagte nicht auch die Mystik, die Welt sei „edeler als

---

28 Conze, Art. Arbeit (wie Anm. 1), 166 f., weist mit Recht darauf hin, daß besonders für die deutsche Begriffsgeschichte von Arbeit der Katholizismus auf der einen, das Luthertum auf der anderen Seite bis zum Ende des 18. Jahrhunderts maßgebend geblieben sind; ähnlich Steinbach (Anm. 18), der betont, daß die „protestantischen, in erster Linie die kalvinistisch reformierten Völker und Volksschichten [...] seit dem 16. Jahrhundert unaufhaltsam zur Wirtschaftsführung der Welt gelangt (sind). [...] Die Katholiken, in geringerem Ausmaß auch die Lutheraner, sind als religiöse Minderheiten wirtschaftlich ebenso ins Hintertreffen geraten wie als Mehrheiten. Nicht nur im Handel und Gewerbe, sondern genau so auch in der Landwirtschaft" (41 f.).

tausend Ewigkeiten"?[29] Konnte nicht auch Arbeit ein Gebet sein? Doch die „neuen Mönche" machten bald die Erfahrung der alten: daß sich die Arbeit nur dann in den Dienst Gottes stellen ließ, wenn sie nicht als Selbstzweck betrachtet wurde, wenn sie ein Ziel jenseits ihrer selbst im Auge behielt. War dies aber möglich in einer Gesellschaft, in der das Gesetz des Mehr und Schneller und Größer herrschte, in der an die Stelle der Ruhe und Genügsamkeit Unruhe und Ungenügen und das Streben nach Gewinn getreten war?

Nichts hat Kirchenvertreter und Theologen in den neueren Jahrhunderten mehr überrascht als die Rastlosigkeit, die Arbeitswut, die Entsagung und Askese, die sich je länger je mehr mit dem „modernen Menschen", mit der bürgerlichen Existenz verband. Auf groteske Weise beginnt nun gerade der fortschrittliche Geschäftsmann einem Mönch zu gleichen. Vor allem die Kaufleute sind Tag und Nacht am Werk, um ihren Geschäften nachzugehen. Sie laden eine Unmenge aufreibender Pflichten auf sich. Dauernd sitzen sie über ihren Geschäftsbüchern; kaum daß ihre Familie sie zu Gesicht bekommt. Immer sind sie in Nachdenken versunken, immer tragen sie eine bekümmerte Miene zur Schau. Sie gönnen sich keine Ruhe. Müßiggang kann man ihnen bestimmt nicht vorwerfen. „Es gibt kein Kloster", schreibt Croiset, ein französischer Jesuit des 18. Jahrhunderts, „das seinen Insassen solch schwere Bußübungen auferlegt ... Man könnte nicht ein härteres Leben führen noch unruhigere Tage verbringen, und wenn der Himmel den Menschen immer nur unter solchen Bedingungen zuteil würde, möchte

---

29 So später Angelus Silesius im *Cherubinischen Wandersmann* (1675); zur Vorgeschichte des Gedankens: Hans Maier, Die christliche Zeitrechnung, (wie Anm. 18), 19, 26 f., 33 f.

man vielleicht meinen, daß er einem zu teuer zu stehen kommt."[30]

Im 19. und 20. Jahrhundert, nach den modernen Revolutionen, nach den Kämpfen um Arbeit und Menschenwürde, um soziale Gerechtigkeit, kann man Bilanz ziehen. Die Arbeit hat gesiegt, der arbeitende, wirtschaftende Mensch hat seinen festen Platz in der Gesellschaft gewonnen. Die letzten Reste der ständischen Sozialordnung sind verschwunden, jeder kann sich nun frei regen, kann erwerben und besitzen, braucht nicht mehr zu betteln und müßigzugehen. Das alles ist ein Gewinn, und niemand kann sich die moderne Welt ohne arbeitende Menschen, ohne den Lohn und Wert der Arbeit vorstellen. Daher reagieren wir empfindlich auf anstrengungslos erworbenes Einkommen, daher hat der „Mann der Arbeit" mit schwieligen Händen und im Blaumann nach wie vor unsere Sympathie – auch wenn er sich heute äußerlich kaum mehr von einem Bürger unterscheidet und seine alte Arbeitskleidung in Gestalt lockerer Jeans längst ein Element internationaler Mode geworden ist.

Freilich, Glück und vor allem Ruhe und Muße, Leichtigkeit und Gelassenheit scheint dieser Sieg der Arbeit den modernen Arbeitern – also uns allen – nicht ohne weiteres gebracht zu haben. Schon in den Arbeitskämpfen des 19. Jahrhunderts wurde deshalb nicht nur um bessere Arbeitsbedingungen, sondern vor allem um mehr Freizeit gerungen. So antwortet der Arbeitsmann in Richard Dehmels berühmtem Gedicht auf die Frage, was ihm und seiner Familie denn nun noch fehle: „Uns fehlt nur eine Kleinigkeit, um

---

30 Bernhard Groethuysen, Die Entstehung der bürgerlichen Welt- und Lebensanschauung in Frankreich, Bd. 2 (Halle 1927, Neudruck Frankfurt [Main] 1978, 136–140 [138]).

so frei zu sein, wie die Vögel sind – nur Zeit."[31] Äußerlich gesehen hat sich die freie Zeit in den Industriegesellschaften der Gegenwart gewaltig ausgedehnt – einmal durch die Verlängerung der Lebenserwartung[32], sodann durch Technisierung, Arbeitsgesetzgebung, Vereinbarungen der Sozialpartner. Arbeitszeitverkürzung ist – oder war? – ein Hauptthema der Arbeitskämpfe seit den siebziger und achtziger Jahren. Freie Verfügung über Zeit, „Zeitsouveränität" ist zum postmodernen Schlagwort geworden. Inzwischen sieht es freilich so aus, als beginne der Arbeitsgesellschaft die dringend ersehnte Arbeit auszugehen. Stehen wir am Ende, nach soviel Kämpfen, buchstäblich im doppelten Sinn mit leeren Händen da: mit einer Arbeit, die wir uns nicht wünschten (während wir die gewünschte nicht mehr erhalten!), und mit einer Freizeit, die den einen abgeht, während die anderen mit ihr nichts Rechtes mehr anzufangen wissen?

---

31 Richard Dehmel, Der Arbeitsmann, in: Gesammelte Werke in drei Bänden, Bd. 1, Berlin 1916, 159.

32 Nach Schätzungen stieg die Lebenserwartung der Bevölkerung in Deutschland vom 18. Jahrhundert bis heute von rund 30 Jahren auf 77 (Männer) bzw. 84 (Frauen) Jahre. In der gleichen Zeit fiel die Säuglingssterblichkeit von ca. 50 % auf 2–3 %! Da solche Entwicklungen ein großes Maß an Leid und Unsicherheit aus dem täglichen Leben wegnehmen, müßte sich mit der Lebenserwartung auch das soziale Wohlbefinden verbessert haben. Daß dies nur sehr bedingt der Fall ist, zeigen die sich verschärfenden Probleme der Alterssicherung in modernen Gesellschaften; vgl. Ursula Lehr, Alter, und Peter Krause, Alterssicherung, in: Norbert Blüm/Hans F. Zacher (Hg.), 40 Jahre Sozialstaat Bundesrepublik Deutschland, Baden-Baden 1989 (wie Kap. 1, Anm. 30), 423–430; 431–445; Werner Conze, Gesellschaft – Staat – Nation. Gesammelte Aufsätze, hg. von Ulrich Engelhardt, Reinhart Koselleck und Wolfgang Schieder, Stuttgart 1992, 186 ff., 268 ff.

Das Gebet – wo geht es hin?

Ora et labora. Die Arbeit hat sich in den neuzeitlichen Jahrhunderten ausgeweitet und verselbständigt, sie ist ein gewaltiges, manchmal einschüchterndes Räderwerk geworden. Sie tritt uns überall entgegen – unübersehbar, überlebensgroß. Aber was ist aus dem *ora*, dem Gebet, geworden? Wohin ist es gegangen? Existiert es noch? Oder hat es sich in der modernen Welt verflüchtigt?

Der *arbeitende* Mönch war ein Vorbild, eine Leitfigur europäischer Kultur. Er hat seinen festen Ort in der europäischen Sozialgeschichte. Vom *betenden* Mönch kann man das nicht in der gleichen Weise sagen – sosehr die Formel „Bete und arbeite" bis in die jüngste Zeit hinein immer wieder als Ideal einer ausgewogenen, entspannten, von Streß und Hektik freien Lebensart beschworen wird. Aber was ist der betende Mönch? Zerfällt das Leben des Mönchs einfach in zwei gleiche Teile, Arbeit und Gebet? Bewegt der Ordensmann die Lippen, wenn er nicht die Hände regt? Das wäre gewiß ein Zerrbild, eine Karikatur. Sehen wir daher einen Augenblick genauer hin, was sich hinter der Formel „Ora" im einzelnen verbirgt.[33]

Das ist nun, ähnlich wie bei der „Arbeit", mehreres und verschiedenes. Gewiß auch das Gebet, aber doch

---

33 Zum folgenden: P. Bonaventura Rebstock, S. Benedikt der Beter, in: Vir Dei Benedictus. Eine Festgabe zum 1400. Todestag des heiligen Benedikt, hg. von Raphael Molitor, Münster 1947, 61–82; P. Emmanuel von Severus, „Ora et labora". Gedanken zu einer „benediktinischen Devise", in: Theodor Bogler (Hg.), Beten und Arbeiten (wie Anm. 24), 38–43; Jean Leclercq, Aux sources de la spiritualité occidentale, Paris 1967; Bernhard Lohse, Askese und Mönchtum in der Antike und in der alten Kirche, München 1969; Friedrich Prinz, Askese und Kultur. Vor- und frühbenediktinisches Mönchtum an der Wiege Europas, München 1980.

nicht nur das Gebet allein. Denn bevor der Mönch sein Herz zu Gott erhebt und zu ihm sein Gebet spricht – sein „Herzgebet", wie es im alten Kirchenlied heißt[34] –, hat er zuerst auf Gottes Wort *gehört*, lange und intensiv, demütig und geduldig; viel länger, als Gebete gewöhnlich dauern, die ja Abbreviaturen, Zusammenfassungen, Bündelungen sind. Im benediktinischen Tageslauf ist das Gebet umströmt von Lesung und Betrachtung, umgeben von gottesdienstlicher Feier und andächtiger Stille. Benedikts Regel beginnt mit einem großen, wiederholten „Höre": Es gilt zu hören „adtonitis auribus" (mit aufgeschreckten Ohren), was uns die göttliche Stimme zuruft. „Wenn ihr seine Stimme hört, verhärtet eure Herzen nicht."[35] Hier berühren wir den Ursprung benediktinischer Frömmigkeit. Sie lebt ganz und gar aus dem Hören auf Gottes Wort. „Nur aus dem Reichtum des Wortes Gottes wurde es ihnen (= den Benediktinern) möglich, durch jegliche Arbeit den Sinn der Kreatur anschaulich zu machen und sie in die Verherrlichung Gottes mit einzubeziehen"[36] – im Sinn der zentralen Forderung der Ordensregel, „daß in allem Gott verherrlicht werde".[37]

Gottes Wort *hören* in Gottesdienst, Stundengebet,

---

34 „Alsdann sei dir mein Herzgebet, das zu dem Thron der Gnaden geht, mehr lieb, als es gewesen" (Dein Lob, Herr, ruft der Himmel aus; nach: Harpffen Davids, mit teutschen Saiten bespannet, Augsburg 1669).

35 RB, Prologus, 62–71 (64 f.); Holzherr 29–35 (Text), 35–53 (Kommentar).

36 Severus (wie Anm. 33), 12.

37 Die berühmte Formel *ut in omnibus glorificetur deus* (ein Schriftzitat: 1. Petr 4,11) steht fast beiläufig am Ende des Kap. 57, das von den Handwerkern des Klosters handelt; RB 202 f.; Holzherr 266 f. (Text), 267 f. (Kommentar). Der Vorrang des Spirituellen im Kloster wird hier noch einmal betont, wie schon vorher bei den Ausführungen über die Betreuung der Gäste.

in Lesung, stiller Betrachtung, schweigender Vertiefung – und Gottes Wort *tun* in allen Formen von Arbeit und Dienst am Nächsten, das ist der Grundrhythmus im Leben des Benediktinermönchs. Das Gebet ist der in Demut und Furcht zu Gott gesandte Ruf um Vergewisserung auf diesem Weg – die Bitte um seinen Beistand zum Gelingen. Gewiß kann man in einem weiteren und metaphorischen Sinn alles, was Benedikt im Begriff des „Opus Dei" zusammenfaßt – den Gottesdienst der Klostergemeinde – auch „Gebet" nennen; doch muß man sich dann von allen modernen, subjektivistischen Interpretationen freimachen: Gebet ist hier nicht eine vertrauliche Zwiesprache mit Gott im stillen Kämmerlein, nicht ein Hineinziehen Gottes in den Alltag des Menschen, ein Bitten und Betteln um hundert Kleinigkeiten und Alltäglichkeiten. Vielmehr stehen Lob und Dank in diesem Gebet an erster Stelle; Zerknirschung, Reue und Bekenntnis haben ihren festen Platz, und erst an letzter Stelle folgt die Bitte an Gott – eine demütige Bitte, keine Forderung.

Kurzum, man muß das „Bete und arbeite" hineinstellen in die Wirklichkeit des Ordens- und Klosterlebens. Diese aber ist in ihrem Ursprung keine private, sondern eine gemeinschaftliche Wirklichkeit – und sie ist nichts Alltägliches, sondern ein Fest. Das benediktinische Opus Dei ist ein Werk der *Gemeinschaft*, und es wird *gefeiert*. Das ist der Ausgangspunkt für alles, was folgt. Denn so schwach und menschlich Mönche sein mögen – sie versuchen doch gemeinsam den Weg des Evangeliums zu gehen. Und so vergänglich und vorübergehend ein Kloster sein mag – es will doch ein irdisches Abbild des ewigen Gotteshauses sein. In den Lesungen, den Gesängen und Gebeten der Mönche und auch in ihrer Arbeit klingt etwas an vom ewigen Fest, vom erhöhten Leben, von der Unbefangenheit und Seligkeit der Freigelassenen der Schöpfung. Mönchsleben ist – oder sollte sein – ein Anklang an das große Fest der Erlösten; jenes Fest, von dem Origenes sagte, es sei ein „Fest ohne Ende", und nur mit Rücksicht auf die „Uneingeweihten" und „Anfangenden" habe man es auf einzelne Feste und Feiertage des Jahres aufgeteilt[38]. Mit anderen Worten: In der benediktinischen „Schule für den Dienst des Herrn" gibt es noch nicht die Trennungen und Differenzierungen, die für das moderne Leben charakteristisch sind. Arbeit und Freizeit, Festtag und Alltag, Zeit und Ewigkeit wohnen noch zusammen unter einem Dach. Sie sind eine ungeschiedene, untrennbare Wirklichkeit.

So muß man das, was aus dem benediktinischen „Ora" hervorgeht, in der modernen Welt an ganz verschiedenen Stellen suchen. Es hat sich in verschiedene Richtungen verzweigt, ist auseinandergeronnen wie im Delta eines Flußlaufs. Am deutlichsten sind die Zusammenhänge noch immer im Zeitgefühl und Zeitbewußtsein, im Umgang mit den Stunden, Tagen, Wochen, in der Ordnung des Lebens durch straffe, allmählich selbstverständlich werdende Zeitdispositionen: Hier herrscht zwischen dem benediktinischen Stundenmaß und dem Zeittakt der Moderne mehr Verwandtschaft, als es der Geschichts- und Sozialwissenschaft bis heute bewußt ist. Es ist das Verdienst Arno Borsts, auf diese Zusammenhänge hingewiesen und damit der Forschung neue Perspektiven eröffnet zu haben.[39] Suchten ältere Forscher in der benediktinischen Regulierung der Stunden und Tage vor allem die Vor-

38 Siehe Kap. 2, Anm. 16.
39 Arno Borst, Computus. Zeit und Zahl in der Geschichte Europas, Berlin 1990; ders., Die Astrolabschriften Hermanns des Lahmen, in: Arno Borst, Ritte über den Bodensee. Rückblicke auf mittelalterliche Bewegungen, Bottighofen 1992, 242–273.

formen moderner Arbeitsdisziplin[40], waren ihnen die Mönche so etwas wie heimliche Kaufleute, die nur noch nicht wußten, daß sie in einem Kontor standen und nicht an einer Chorschranke, so wird heute deutlich, daß die Zeitökonomie der Klöster eben nicht nur die Arbeitswelt geprägt hat, sondern auch das, was später Festzeit und Freizeit hieß. So hat Borst die Leistung Bedas, des englischen Benediktinermönchs, gewürdigt, der in seinem Martyrologium Zeitrechnung, Liturgie und Geschichtsschreibung zusammenführte: „Computus, Martyrolog und Chronik bildeten fortan drei mächtige Hauptsäulen jener Gelehrsamkeit, die in benediktinischen Klöstern gedieh. Sie brachte die Ewigkeit in die Zeit ein."[41] Der christliche Kalender – auch er eine Schöpfung von Mönchen –[42] wirkte nach innen auf das Zeitgefühl und Zeitbewußtsein der Menschen ein. Schon im Alltag ließ er das „große Fest" verspüren, machte Tag, Woche und Jahr zu Abkürzungen des Erlösungswegs der Menschheit – zu „repetitiven Exerzitien"[43], die einführten in das Heilsgeschehen. Vor diesem Hintergrund hat sich das kirchliche und später das bürgerliche Jahr gebildet mit seinen

---

40 Erinnert sei an den Rhythmus der mönchischen Tageseinteilung, der an römische Dreistundenintervalle anknüpft (Terz, Sext, Non), an die Kultur der Meisterung der Affekte, der betrachtenden Konzentration, der wachsenden Individualisierung (schon die Benediktregel kennt bei aller Betonung des Gemeinschaftslebens das Einzelgebet!), der Erziehung zu Gewissenhaftigkeit und Regelmäßigkeit usw.

41 Borst, Computus (wie Anm. 39), 37.

42 Maier (wie Kap. 2, Anm. 11), 21–31; Ludwig Rohner, Kalendergeschichte und Kalender, Wiesbaden 1978, 119 ff., 159 ff., 373 ff.

43 So Peter Rück, Die Dynamik mittelalterlicher Zeitmaße und die mechanische Uhr, in: Hanno Möbius/Jörg Jochen Berns (Hg.), Die Mechanik in den Künsten. Studien zur ästhetischen Bedeutung von Naturwissenschaft und Technologie, Marburg 1990, 21.

zwei Dritteln Arbeitstagen und dem Drittel Festtagen; ein in die Gesamtgesellschaft hinein erweitertes „Bete und Arbeite" – mit seinen arbeitsfreien Festtagen zugleich ein Stück „naturwüchsiger" Sozialpolitik, lange vor dem Zeitalter der Arbeitsgesetzgebung und der Tarifverträge.[44]

Solches Zeitgefühl konstituiert sich vor allem aus Erinnerung und Gedenken. Es lebt von den Impulsen der Gemeinschaft, die in benediktinischen Klöstern immer eine Gemeinschaft der Lebenden und der Toten ist. Josef Fleckenstein hat von dem besonderen Verhältnis dieser Klöster zur Zeit gesprochen, von der Macht des Gedenkens, welche „diese Gemeinschaft immer wieder erneuerte und sie über Raum und Zeit hinweg zusammenhielt ... Die Vergangenheit ver-

---

44 Allgemein rechnet man damit, daß in der Zeit vom hohen Mittelalter bis zum 17. Jahrhundert Sonn- und Feiertage, Heiligenfeste, Wallfahrten usw. im Abendland rund ein Drittel des Jahres ausmachten. Auch wenn man die Festzeiten nicht einfach mit arbeitsfreier Zeit gleichsetzen kann (so diente der Sonntag in katholischen Ländern bis zur Französischen Revolution vielfach zu Besorgungen und Behördengängen!), so war doch das Verhältnis von Arbeits- und Freizeit weit entspannter als in der modernen Industriegesellschaft. Die Abschaffung der Heiligenfeste durch die Reformation schuf ein Übergewicht von Arbeitstagen im protestantischen Europa, vermehrte Gewerbe und Produktion und zwang die katholischen Länder, wenn sie dem Vorwurf der Rückständigkeit entgehen wollten, zum Nachziehen: So galt ein Hauptaugenmerk der katholischen Aufklärung der Abschaffung von Feiertagen, des „unnützen Wallfahrens und Kirchenlaufens" usw. Allgemein zum Thema: Günter Wiegelmann (Hg.), Wandel der Alltagskultur seit dem Mittelalter, Münster 1987; Uwe Schultz (Hg.), Das Fest. Eine Kulturgeschichte von der Antike bis zur Gegenwart, München 1988; Detlef Altenburg/Jörg Jarmut/Hans-Hugo Steinhoff (Hg.), Feste und Feiern im Mittelalter, Sigmaringen 1991; Dietz-Rüdiger Moser, Bräuche und Feste im christlichen Jahreslauf. Brauchformen der Gegenwart in geschichtlichen Zusammenhängen, Graz-Wien-Köln 1993.

sinkt – und bleibt doch gegenwärtig im Gedenken ... und diese Verbindung wurzelt letztlich und erneuert sich in der Beständigkeit des täglichen Gebets, das die Gemeinschaft nach fester Regel verbindet".[45] Von hier aus kann man die Brücke schlagen zu grundlegenden Vorgängen in der politischen Geschichte Europas: So war die Bewegung des Gottesfriedens, die seit dem späten 10. Jahrhundert von Südfrankreich her das christliche Europa ergriff, in den Gebetsverbrüderungen und Friedensgemeinschaften der Klöster vorbereitet[46]; sie war ein Vorspiel zur Entstehung einer Rechts- und Friedensgemeinschaft auch im weltlichen Bereich.[47] Ähnlich leben, noch über größere Zeitstrecken hinweg, Strukturen des Gedenkens, der Verbindung der Lebenden und der Toten und der Generationen untereinander in den Solidargemeinschaften des modernen Staates fort. Die neuere Sozialgesetzgebung und das Modell des Generationenvertrags sind ohne sie nicht

---

45 Josef Fleckenstein, Die Gründung von Bursfelde und ihr geschichtlicher Ort (= Bursfelder Universitätsreden, hg. von Lothar Perlitt, 2), Göttingen 1983, 19 f.

46 Karl Schmid, Die Gemeinschaft der Lebenden und der Verstorbenen in Zeugnissen des Mittelalters, Frühmittelalterliche Studien I (1967), 365–389. Aus der älteren Literatur vgl. Karl Balling, Die kulturschöpferischen Qualitäten des benediktinischen Mönchtums, Diss. phil., Heidelberg 1938, 30–45; Augustin Blazovich, Soziologie des Mönchtums und der Benediktinerregel, Wien 1954, 99 ff., 129 ff.

47 Gerd Tellenbach, Libertas. Kirche und Weltordnung im Zeitalter des Investiturstreites, Stuttgart 1936; Hermann Conrad, Gottesfriede und Heeresverfassung in der Zeit der Kreuzzüge, in: Zeitschrift für Rechtsgeschichte, germ. Abt. 61 (1941), 71 ff.; Joachim Gernhuber, Die Landfriedensbewegung in Deutschland bis zum Mainzer Reichs-Landfrieden von 1235, Bonn 1952; Joachim Wollasch, Mönchtum des Mittelalters zwischen Kirche und Welt, München 1973; Karl Schmid (Hg.), Reich und Kirche vor dem Investiturstreit. Gerd Tellenbach zum achtzigsten Geburtstag, Sigmaringen 1985.

zu denken.[48] Überall dort, wo der moderne Staat über das Tagesgeschehen hinausblickt, wo er der Ausbeutung der Gegenwart entgegentritt und sich um die Zukunft kümmert, überall dort treten Strukturen des Gedenkens und der Sorge hervor, wie wir sie modellhaft im Bereich von Klöstern, Ordensleben, Ordensregeln beobachten können.

Am weitesten scheint die heutige Freizeitwelt und Freizeitgesellschaft von Benedikts Regel entfernt zu sein – und in der Tat besteht auf den ersten Blick kaum ein Zusammenhang zwischen den Geboten der Ruhe und Schweigsamkeit in der Benediktregel[49] und den oft wirren Spielen der Zerstreuung und Betäubung in der heutigen Freizeitindustrie. Doch die Moderne hat der alten Welt des Gebets und der Ruhe kein geschlossenes *Gegen*konzept entgegenzusetzen; und die moderne Lebensregel „Acht Stunden Arbeit, acht Stunden Schlaf, acht Stunden ‚Was wir selbst wollen'" läßt vieles, ja fast alles offen. Freizeit kann heute sehr verschiedenen Herren dienen und sehr verschiedene Formen annehmen. Sie kann Flucht aus dem Alltag sein, Verlangen nach Abenteuer, Suche nach Bildung, Erlebnis der Gemeinschaft und vieles andere mehr. Auch ihre Zeitformen sind mannigfaltig – vom Feierabend zum Wochenende, vom Jahresurlaub zum Ruhestand. Noch haben heute unter den Freizeitmanagern die Nachfahren der Gyrovagen eine dominierende Stellung: statt der *stabilitas loci* Kreuzfahrten und Rund-

---

48 Hans Günter Hockerts, Sozialpolitische Entscheidungen im Nachkriegsdeutschland (wie Kap. 1, Anm. 30); Martin H. Geyer, Die Reichsknappschaft, München 1987, 153 ff.; Gerhard A. Ritter, Der Sozialstaat. Entstehung und Entwicklung im internationalen Vergleich, (wie Kap. 1, Anm. 30), 135, 152 ff., 201.
49 So vor allem in den Kap. 6 und 42; RB 98 f., 174 f.; Holzherr 104–109, 221–223.

flüge; statt der festen Zeit für Ruhe und Betrachtung die „gleitende Sozialzeit". Doch es gibt auch andere Stimmen, andere Vorschläge: Neuerdings wird die „Animation im Alltag" gesucht, die „Erholung im Beruf". Und vielleicht taucht eines Tages unter soviel Angeboten auch das älteste als freundlich aufgefaßtes Neue wieder auf: die Ruhe am siebten Tag. Das „Kloster auf Zeit" als Freizeit- und Bildungsangebot gibt es ja schon seit Jahren.

4. Natur

> Warum wollen sie (die Heiden), daß die Erde
> eine Göttin sei? Etwa weil sie fruchtbar ist?
> Warum sind dann aber nicht eher die Men-
> schen Götter, die die Erde durch Anbau
> noch fruchtbarer machen – freilich indem
> sie sie pflügen und nicht anbeten?
> *Augustinus, De civitate Dei VII, 23*

Das Verhältnis des Christentums zur Natur ist nicht auf eine einfache Formel zu bringen. Das liegt schon an der Doppeldeutigkeit des Wortes Natur.[1] Natur ist einerseits das, was aus sich selbst heraus wächst und wirkt, das Werdende und Gewachsene. Das griechische Wort physis und das lateinische Wort natura gehen auf phyo (nasci) = wachsen, entstehen zurück. Doch *Natur* kann auch das Wesen der Dinge bezeichnen, den Inhalt, das Eigentliche – so etwa, wenn antike Denker nach der „Natur der Götter" fragen. Die zweite Bedeutung muß hier beiseite bleiben, obwohl sie in der Geschichte des Christentums eine Rolle gespielt hat.[2] Weltgeschichtlich augenfälliger waren und sind

---

1 Art. Natur, in: Historisches Wörterbuch der Philosophie, hg. von Joachim Ritter und Karlfried Gründer, Bd. 6, Basel-Stuttgart 1984, 421–478.

2 So hat sich die Patristik in ihrer Kritik an der mythischen Theologie die auf Platon zurückgehende Kritik der Philosophen an den homerischen Götterfabeln zunutze gemacht. Vor allem Augustin knüpft in den Varro-Kapiteln des Buchs VI von De civitate Dei an diese Tradition der „physischen" (d. h. nach dem Wesen fragenden) Theologie an; sie ist nach seiner Meinung dem Wesen Gottes näher als die Phantasiegebilde der mythischen

aber die Veränderungen im Bereich der wachstümlichen, „naturhaften" Natur. Gemeint ist das, was man seit Max Weber die „Entzauberung" der Welt nennt,[3] der Verlust des magischen Eigenstands der Natur im Zeichen der christlichen Lehre vom göttlichen Schöpfer. Die Erde ist im Christentum keine Göttin mehr, sondern ein Geschöpf. Aus Natur wird Kreatur.

Natur – dem Menschen in die Hand gegeben

Für Menschen in archaischen Zivilisationen war Natur eine Welt des Eigengewachsenen, Unverfügbaren. Sie stand in enger Verbindung zu den Göttern – ja sie trug selbst göttliche Züge. Es gibt in dieser Welt nichts Profanes oder Säkulares. Alles ist beherrscht von Göttern und Geistern, alles ist numinos geladen. Überall wirken Götter – im Haus, in Mauern, auf Türschwellen, unter Dachfirsten, in Zweigen und Früchten, Wassern, Flüssen und Hainen, und nicht minder in den großen, den Jahreslauf gliedernden Ereignissen des Lebens: Geburt, Hochzeit, Tod.

Im Christentum – und auch schon im Judentum! – wird die Natur dagegen in radikalem Sinne „weltlich", sie verliert ihre mythische Abkunft, ihr Geheimnis, ihre göttliche Qualität – sie steht dem Menschen als irdisches Gut zum Bearbeiten und Pflegen, zum Bebauen und Bewohnen zur Verfügung. Das ist der Sinn

---

Theologie oder die kultischen Satzungen der – rein auf staatlicher Verfügung beruhenden – politischen Theologie. Siehe dazu Joseph Ratzinger, Volk und Haus Gottes in Augustins Lehre von der Kirche, München 1954, 267–276.

3 Max Weber, Wirtschaft und Gesellschaft (1921), Kap. V (Religionssoziologie); hier zit. nach der 5. revidierten Auflage, hg. von Johannes Winckelmann, Tübingen 1976, 245–381 (308).

jener immer wieder angeführten Sätze aus dem Buch Genesis, die Gott zu den ersten Menschen spricht: „Seid fruchtbar und mehret euch und füllet die Erde und machet sie euch untertan und herrschet über die Fische im Meer und über die Vögel unter dem Himmel und über das Vieh und über alles Getier, das auf Erden kriecht."[4] Mit dieser Aufforderung ist keiner räuberischen Ausbeutung der Natur das Wort geredet, wie modernisierende Deutungen es nahelegen[5] – es wäre anachronistisch, eine Ur- und Frühzeit, in der der Mensch übermächtigen Naturkräften gegenüberstand, mit Natur und Kultur in heutigen hochentwickelten Zivilisationen und bis zum Rand mit Menschen erfüllten Erdräumen gleichzusetzen. (Auch „Kultivierung" bedeutet in beiden Kontexten Verschiedenes!) Bestehen bleibt freilich die Tatsache, daß die Natur im Christentum nicht mehr verehrt, sondern genutzt wird, daß sie in die Hände des Menschen gegeben, seiner Verantwortung unterstellt wird. Gegenüber der Natur und ihren immer wiederkehrenden Kreisläufen treten nun geschichtliche und politische Ereignisse in den Vordergrund: Das Einmalige, Unwiederholbare gewinnt Bedeutung gegenüber den auf- und absteigenden Zyklen der Natur-Zeit. Schöpfung, Erwählung, Befreiung aus Ägypten, Bundesschluß, Menschwerdung Got-

---

4 Gen 1, 28.

5 Hat wirklich die „Isolierung des Unterwerfungsbefehls im Buch Genesis (1, 28) vom übrigen biblischen Zusammenhang die gesamte Tierwelt buchstäblich zum Freiwild der Menschheit werden" lassen (so Silvia Schroer, Christ in der Gegenwart 30/98, 255)? Muß man nicht umgekehrt die Frage stellen, ob andere Optionen in archaischen Jäger- und Sammlerzeiten überhaupt denkbar waren? Im übrigen deuten die folgenden Sätze (Gen 29, 30) auf Abgrenzungen und Nahrungsspielräume zwischen Menschen, Tieren, Pflanzen hin, und Natur wird dem Menschen nicht einfach ausgeliefert, sondern anvertraut.

tes, Kreuzigung, Auferstehung, Geistsendung – aus solchen Ereignissen formt sich der jüdisch-christliche Heilszusammenhang der Zeit.[6] Hier ist kein Platz mehr für eine „große Natur" als letzten, unübersteigbaren Horizont, in dem das menschliche Leben ganz und „heil" wird. Auch hier entschwinden die Götter, welche Tag und Nacht, Dunkel und Mittagslicht bewachen. „Der große Pan ist tot."[7]

So wird die naturmagische Religiosität in der christlichen Mission gebannt und überwunden. Es gibt im Christentum keine heiligen Berge und Haine mehr, keine Bäume und Sträucher, in denen die Götter wohnen, es gibt nicht mehr die Gottheiten der Fruchtbarkeit, der Jagd, des Ackerbaus, der Schiffahrt. Es gibt keine heiligen – freilich auch keine von Natur unreinen – Tiere mehr.[8] Damit wird nicht einfach Heiligkeit in Profanität aufgelöst, es wird nicht im Hegelschen Sinne „der Hain zu Hölzern".[9] Vielmehr wird die gesamte Natur als eine von Gott geschaffene Wirklichkeit begriffen. Wenn christliche Missionare heilige Bäume fällen – ohne vom Zorn der Götter oder der Rache der beleidigten Natur ereilt zu werden –, so geht es um den Erweis des stärkeren Gottes gegenüber Geistern und Dämonen, gegenüber allem, was sich an-

---

6 Siehe oben S. 33 ff.
7 Vgl. Romano Guardini, Der Heilbringer in Mythos, Offenbarung und Politik. Eine theologisch-politische Besinnung, Mainz 1946, wo der Zusammenhang zwischen Naturmythos und politischen Ordnungen in vorchristlichen und „nachchristlichen" Zeiten thematisiert wird.
8 Rolf Sprandel, Die Geschichtlichkeit des Naturbegriffs (wie Kap. 2, Anm. 22), 244 f. Im Christentum fehlt sowohl die heilige Kuh der Inder wie das unreine Schwein der Juden und Muslime. Der Fisch wird zur Fastenspeise nicht, weil er heilig wäre, sondern weil er als „einfache", für Fasten und Enthaltsamkeit geeignete Speise gilt.
9 Georg Wilhelm Friedrich Hegel, Glauben und Sein (1797/98).

maßt, Gott zu sein. Das ist der erste, unvermeidliche Schritt. Im zweiten Schritt können dann durch eine *Interpretatio christiana* die „heidnischen" naturreligiösen Elemente glimpflich oder freundlich in den Zusammenhang der Schöpfung eingefügt werden. So können alte Naturheiligtümer zu christlichen Kultstätten und Wallfahrten werden, Erde und Wasser eine besondere Weihe empfangen, Tiere als Symbole für Gutes und Böses dienen (das Lamm, der Drache). Ja, im Inneren der als Gottes Schöpfung begriffenen Natur kann sich erneut eine Naturfrömmigkeit entfalten – man denke an Hildegard von Bingen, für welche die Sinne Wege zur Erkenntnis Gottes sind,[10] oder an Franz von Assisi, der in seinem Sonnengesang die Kreaturen als Geschwister anredet (frate sole, sora luna, matre terra usw.).[11]

Neuzeit: Natur wird gestellt

In frühchristlichen und mittelalterlichen Zeiten geht Naturbewältigung kaum über die in der Antike üblichen Grenzen hinaus. Das Pflegerische, Gärtnerische herrscht vor, der Zugriff des Hirten und Fischers, des land- und waldbebauenden Menschen. Kultur bedeutet vorwiegend *cultura agri*.[12] Vorsichtig werden die Elemente gezähmt, werden Land, Wald und Wasser erschlossen. Die technischen Apparaturen sind noch be-

---

10 Hildegard von Bingen, De operatione Dei, übers. von Heinrich Schipperges, Salzburg 1965.
11 Franz von Assisi, Legenden und Laude, hg. und erläutert von Otto Karrer, Zürich 1945, 520–523.
12 Joseph Niedermann, Kultur. Werden und Wandlungen des Begriffs und seiner Ersatzbegriffe von Cicero bis Herder, Firenze 1941, 15–49.

scheiden. Wo die Erde beherrscht und verändert wird, da geschieht das überwiegend durch Handarbeit.

Das ändert sich in der Neuzeit. Nun überschreitet Kultur in der Theorie wie in der Praxis die alten Grenzmarken: Sie wird begrifflich eine selbständige Größe, ein Wort ohne Epitheton,[13] und ihre handwerkliche Praxis reichert sich mit Elementen der technischen Veränderung und Neugestaltung an. Nicht mehr der Hirt, der Bauer, sondern der *homo faber* bestimmt Inhalt und Ziel der Kultur. Beherrschung tritt in den Vordergrund: das Bezwingen der Naturkräfte, das Erforschen und Erobern der Welt. Die alten Begriffsinhalte werden dynamisiert: Pflege wird zur Herrschaft, das Schmuckhafte dient der Meliorisierung, aus der Bildung des Geistes *(cultura animi)* wird Wissen als Instrument der Macht.

Die Natur zu beherrschen durch Kultur, durch Technik, das gilt in der Neuzeit als unbestrittener Auftrag des Menschen. Es beginnt mit dem – schon ins Mittelalter zurückreichenden – Urbarmachen von Wäldern und Sümpfen und der Erschließung neuen Ackerbodens, es setzt sich fort in der Eroberung von Ländern, Meeren, Kontinenten und zuletzt, im 20. Jahrhundert, des Luft- und Weltraums.

Forschung und Technik lösen sich in dieser Zeit von ihren empirischen Ursprüngen, vom zufälligen Entdekken, Finden, Probieren, sie entwickeln Züge eines systematischen Kalküls. Naturwissenschaft wird exakte Wissenschaft auf dem Boden der Naturgesetze und bringt Formen einer von Handarbeit zunehmend unab-

---

13 Niedermann (wie Anm. 12), 103 ff., 150 ff. Es dauert bis weit in die Neuzeit hinein, bis zu Pufendorf, bis das Wort Kultur auf Objekte, erläuternde Genitive *(cultura agri, cultura animi)* verzichten kann und ein selbständiger Begriff ohne Zusatz wird, der sich vom Menschen loslöst und in sich steht.

hängigen seriellen Produktion hervor.[14] In der industriellen Revolution vermählen sich technische und wirtschaftliche Kultur. Die Fabrik wird zum Gehäuse einer neuen Produktionstechnik mit rechenhaften Abläufen und der Tendenz zur Massenfertigung. Maschinen übernehmen in zunehmendem Maße die manuellen Verrichtungen und Dienste. Die Erschließung und Nutzung natürlicher Ressourcen – Wasser, Kohle, Eisen – steigert die menschlichen Kräfte in ungeahnte Dimensionen. Die Grenzen von Raum und Zeit werden zurückgeschoben; die Welt wird klein, der Mensch soll um so größer werden.[15] Die Verkehrstechnik rückt das Entfernteste näher zusammen: Die Produktionstechnik setzt an die Stelle individueller handgefertigter Gebilde standardisierte „Waren". Das schafft einerseits individuellen und kollektiven Wohlstand und erleichtert Leben und Überleben der gewachsenen Menschenzahl; es führt anderseits nicht selten zum Verlust des Eigengeprägten und Schönen, zum Umschlagen des Persönlichen ins Massentümliche und Banale.

Die kulturelle und technische Umformung der Natur ist von der Philosophie der Neuzeit ausdrücklich gefordert und begründet worden. So hat Francis Bacon in seinem _Novum Organum_ dem Menschen „Macht zu allen Werken" versprochen, wenn er die

---

14 Franz Schnabel, Deutsche Geschichte im 19. Jahrhundert, 3. Bd.: Erfahrungswissenschaften und Technik, Freiburg [3]1950; Laetitia Boehm/Charlotte Schönbeck (Hg.), Technik und Bildung, Düsseldorf 1989.

15 So der Dichteringenieur Max Maria von Weber, zit. bei Schnabel (wie Anm. 14), 240: „Die Zivilisation ist eine Gesellschaftsarbeit. Je fester Schulter an Schulter, in je innigerem Kontakt, in je rascherer Wechselwirkung die Mitwirkenden dabei stehen, um so energischer und schneller wird sie gefördert werden. Ihre Hauptgegner sind daher die mächtigen Trenner, Raum und Zeit: je kleiner die Welt, um so größer der Mensch."

Ordnung der Natur beobachte und erkenne. Dazu sind Experiment und Beobachtung nötig; *ohne* materielle Hilfsmittel und Instrumente, also durch spekulative Axiome allein, wird keine Erkenntnis gewonnen, die zu neuen Werken führen kann.[16] Vollends bei René Descartes rücken die Menschen in eine zentrale Stellung ein, sie werden zu „Herren und Eigentümern" der Natur. Es geht um jene Kenntnisse, „die von großem Nutzen für das Leben sind"; es gilt statt der spekulativen Philosophie, wie sie in den Schulen gelehrt wird, „eine praktische zu finden, die uns die Kraft und Wirkungsweise des Feuers, des Wassers, der Luft, der Sterne, der Himmelsmaterie und aller anderen Körper, die uns umgeben, ebenso genau kennen lehrt, wie wir die verschiedenen Techniken unserer Handwerker kennen, so daß wir sie auf ebendieselbe Weise zu allen Zwecken, für die sie geeignet sind, verwenden und uns so zu Herren und Eigentümern der Natur machen können"[17].

Mit der Trennung von Bewußtsein und Körperwelt bei Descartes wird Natur immer mehr zum Gegenstand – und endlich zur ausschließlichen Domäne – der *Naturwissenschaften.* Die Kräfte der Natur werden im Experiment gestellt, befragt, gemessen. Die Erkenntnisse werden aus den Erscheinungen abgeleitet und durch Induktion verallgemeinert.[18] Die messende

---

16 Francis Bacon, Neues Organon, Teilband I, Hamburg 1990, 66–85.

17 René Descartes, Von der Methode, hg. von Artur Buchenau, Hamburg 1960, 50.

18 So Isaac Newton in seinen Philosophiae naturalis principia mathematica, London 1726, wo alles zur „Hypothese" erklärt wird, was aus den Erscheinungen nicht erklärt werden kann. Solche Hypothesen haben in der Naturphilosophie nichts zu suchen – diese geht von den Erscheinungen aus und stellt Propositionen auf, welche durch Induktion generalisiert werden (reduntur generales per inductionem).

Zuwendung zur Natur[19] entbindet ein bis dahin nicht gekanntes Potential der Naturbeherrschung – Naturerkenntnis wird nun zur Macht *über* die Natur. Damit beginnt der Siegeslauf der modernen Kultur und Technik: Natur wird als Stoff verstanden, der durch Kultur seine Gestalt erhält; Natur ist Materie, Kultur der sie formende Geist.

Ist das nun alles Folge und Frucht der biblischen Ermächtigung: Füllet die Erde und machet sie euch untertan? Hat die Aufforderung zur Kultivierung der Erde[20] zu Ausbeutung und Ressourcenvernichtung, zur drohenden Selbstzerstörung der Menschheit geführt? Wiederum wird man sagen können,[21] daß ohne die christliche Freigabe von Welt und Natur zum Gebrauch des Menschen moderne Kultur, Naturwissenschaft und Technik nicht entstanden wären. Sie entwickelten sich ja auch nicht zufällig in der zivilisatorischen Bannmeile des Christentums – in den europäisch-amerikanischen Regionen der Welt. Große Kulturen von ehrwürdiger Tradition (im Vorderen Orient, in Asien, in Lateinamerika) haben keine ähnlichen Aufbrüche,

---

19 Natürlich hat auch das Mittelalter die Natur beobachtet und Neues entdeckt. So hat Albertus Magnus die Nahrung einheimischer Vögel untersucht, er hat eine Biene seziert und das Bauchmark der Gliedertiere beschrieben. Aber er hat – wie das ganze Mittelalter – noch nicht *systematisch experimentiert*. Er hat vor allem noch nicht *gemessen*. Erst die Verbindung von Experiment und Quantifizierung führt über die ältere Naturbeobachtung hinaus und begründet die moderne Naturwissenschaft. In ihr treten dann freilich biologische und ökologische Gesamtzusammenhänge, die nicht ausschließlich durch Messen zu erschließen sind, zurück.

20 Die exegetisch ausgebildeten Religionslehrer meiner Kindheit sprachen vom biblischen „Kulturbefehl". Kein schönes Wort – doch drückt es die Ambivalenz und Offenheit von Gen 1, 28 besser aus als die heute übliche Rede vom „Unterwerfungsbefehl", die den biblischen Text einlinig zuspitzt und verengt.

21 Siehe oben S. 92 ff.

keine ähnlichen weltweiten Wirkungen ausgelöst. Dennoch muß man den christlichen Grund-Impuls des Anfangs und seine späteren kulturellen Folgen deutlich unterscheiden. Nicht nur, daß die spätantiken und mittelalterlichen Jahrhunderte Natur anders verstanden, anders in und mit ihr lebten als die Neuzeit – auch der philosophische Prolog der neuzeitlichen Weltbemächtigung bei Bacon und Descartes enthält neben christlichen auch andere, nicht aus der Tradition kommende, spezifisch neuzeitliche Inhalte. Wieder zeigt sich, daß „die Welt" auf christliche Anstöße in verschiedener Weise reagieren kann – passiv und aktiv, zurückbleibend oder überholend.[22] Das Spiel der Interaktionen ist weitgreifend, und es ist noch keineswegs beendet. Daher bleiben bei der Auslegung von Genesis 1, 28 viele Interpretationsspielräume offen. Man sollte sich hüten, heutiges „Unbehagen in der Kultur" teleologisch in die biblischen Texte zurückzuprojizieren.

Gegenwart: Natur kehrt zurück

Heute ist es fast wohlfeil geworden, die früher begeistert bejubelten Kulturtaten der Neuzeit in Frage zu stellen. Die extensive Nutzung der Natur gilt nicht mehr als kühne Tat, sondern als leichtfertiges Vergehen – mindert sie doch die Lebenserwartung künftiger Generationen. Die Erschließung der Kernenergie erscheint vielen nach Hiroshima und Nagasaki in einem endzeitlichen Licht. Die Begrenztheit der natürlichen Ressourcen tritt in den Blick. Damit verbindet sich bei nicht wenigen ein Erschrecken vor den menschlichen Taten. Prometheus und Faust sind keine befeuernden

---

22 Siehe S. 9 und S. 165 dieses Buches.

Vorbilder mehr. Während der wissenschaftlich-kulturelle Zugriff auf die Natur den Menschen selbst erreicht hat (Reproduktionsmedizin, Gentechnologie), wird gegen das Konzept der Naturbeherrschung immer stärkere Kritik laut. An die Stelle von Kulturvertrauen ist Kulturskepsis getreten. Dagegen ist die Naturskepsis der frühen Neuzeit in Naturvertrauen, ja Naturverehrung umgeschlagen. Das geht auf der einen Seite bis zur Verneinung der Industriekultur, bis zu Vorstellungen einer „asketischen Weltzivilisation" (Carl Friedrich von Weizsäcker), ja bis zur Absage an Handeln und menschliche Aktivität überhaupt („Arbeit ruiniert die Welt"). Und es reicht auf der anderen Seite bis zu Formen der Remythologisierung, der Retabuisierung der Natur – bis zu Positionen der Naturandacht, ja des Neo-Animismus.[23]

Die Stufen dieser Wiederentdeckung, der Re-Etablierung der Natur seien kurz skizziert. Hier greifen faktische Entwicklungen, Bewußtseinsveränderungen und gesetzgeberische Maßnahmen ineinander.

Das erste Stichwort lautet _Naturschutz._ Die Natur wird in ihrem Eigenleben, ihrer Schutzbedürftigkeit neu entdeckt. Ein Gefühl für die Bedrohung der Natur beginnt sich zu verbreiten. Das beginnt schon im 18. und 19. Jahrhundert. Interessanterweise finden wir die ältesten Äußerungen zum Naturschutz im Deutschen nicht unter diesem Namen, sondern unter dem Titel „_Naturdenkmalpflege"._ Sie wurzeln in jenem frühromantischen Geist, den wir in München im Englischen Garten studieren können. Auf den _italienischen Garten_ mit seinem Gleichgewicht von Natur und Kunst, auf den _französischen_ mit seinem Vorrang

---

23 Näheres in meiner Schrift: Eine Kultur oder viele? Politische Essays, Stuttgart 1995, 9–34.

der Kunst folgt der _englische Garten_, der die Natur in den Mittelpunkt stellt. Freilich ist es noch immer eine vom Menschen geschaffene, auf ihn bezogene Natur. Aber an die Stelle künstlicher Zergliederung ist die Einheit der Empfindung getreten – die Natur soll nicht gebändigt, artistisch überformt werden; vielmehr gilt es den Garten selbst der Natur anzunähern, ihn zum Naturdenkmal zu machen.

So erstarkt die Natur zum eigenen Subjekt mit eigenem Recht. Lange Zeit – die längste Zeit – war sie ja einfach Wirtschaftsobjekt. Noch die älteren Wald- und Forstordnungen, in Deutschland bis ins 16. Jahrhundert zurückgehend, sind vor allem von ökonomischen Zielen geleitet – es geht um den Erhalt der Substanz, um die Pflicht zur Aufforstung usw. Langsam greift dann die Gesetzgebung auf die Felder über mit Feldordnungen und Feldpolizeigesetzen. Und allmählich wird „die Landschaft" – ein ideelles Gut – in den Schutz einbezogen, wobei sich Agrikultur und Hortikultur, ökonomische und ästhetische Ziele verbinden. Die Weimarer Reichsverfassung stellt, hundert Jahre nach den ersten Landschaftsgärten, in ihrem Artikel 150 die „Naturdenkmäler" unter ihren Schutz. Damit ist der ideelle Natur- und Landschaftsschutz begründet, der uns heute in Natur- und Nationalparks, im Artenschutz, in Maßnahmen der Pflege und Entwicklung und nicht zuletzt in den Einrichtungen der Erholung in Natur und Landschaft begegnet.

Verfährt der Naturschutz vor allem bewahrend, konzentriert er sich auf klar umrissene, abgegrenzte Schutzobjekte, so geht der _Umweltschutz_ – zweites Stichwort – darüber hinaus. Zwar umfaßt auch er noch mannigfache Schutzmaßnahmen: Gewässer-, Boden-, Immissions- und Strahlenschutz. Aber wie das Wort Umwelt sagt, geht es jetzt nicht mehr nur um eine ästhetisch genossene, dem Menschen gegenübergestellte Natur – es geht um die gesamte Lebenswirklichkeit des Menschen, um die Luft, die er atmet, um das Wasser, das er trinkt, um die Pflanzen und Tiere, die er ißt, um Bauen, Wohnen, Leben und ihre natürlichen Voraussetzungen. Demgemäß greift der Umweltschutz weiter aus: Er schützt nicht nur Vorhandenes, er sorgt vor, wehrt ab, verbietet, stellt Gefährdungen fest, entwickelt Standards und Normen des Schutzwürdigen. Insofern dringen im Umweltrecht wiederum ökonomische Gesichtspunkte vor, freilich solche neuer Art: Naturressourcen werden unter Perspektiven der Knappheit betrachtet; Landschaftsverbrauch und Schadstoffausstoß sollen reduziert werden; Strategien der Entlastung, des Ausgleichs, der Vermeidung werden entwickelt, kurz: an Stelle von Naturbeherrschung tritt Einfühlung in die Natur, an die Stelle produktiver Veränderung das Sein-Lassen als Ausdruck menschlicher Freiheit.

Dies alles ist begleitet – drittes Stichwort – von einer schon im 19. Jahrhundert einsetzenden _Kritik an Naturwissenschaft und Technik,_ genauer an der eingrenzenden, messenden, reduzierenden Methode der exakten Wissenschaften Physik, Astronomie und Chemie. Schon die Naturphilosophie der Goethezeit versucht die Beschreibung neben das Messen zu stellen, die Darstellung des Ganzen neben die Zergliederung in Elemente. In solcher Einheit des Empfindens wurzeln Goethes Naturgedichte, Alexander von Humboldts Landschaftsbeschreibungen, Caspar David Friedrichs Bilder und die Landschaftsgärten des Fürsten von Pückler-Muskau. Gewiß dominiert in Wirtschaft und Technik des 19. Jahrhunderts die exakte Wissenschaft, die zu letzten Konsequenzen der Naturbeherrschung fortschreitet. Noch Marx und seinen Schülern gilt der Sieg über die Natur als Voraussetzung für eine Gesellschaft, in der Freiheit und Überfluß herrschen. Aber auch die Gegenstimmen fehlen nicht: Wie anders klingt es, wenn Franz von Baader von der „ehehaften Verbindung" von Mensch und Erde spricht, wenn Hegel, entgegen der modernen Trennungstendenz, Natur als „das Andere des Geistes" begreift, wenn die romantische Medizin sich im Hinblick auf den menschlichen Organismus gegen den methodisch bedingten naturwissenschaftlichen Reduktionismus zur Wehr setzt.[24]

Ziehen wir Bilanz, so entdecken wir im Bewußtsein der Gegenwart zwei vage, aber mächtige Strömungen. Auf der einen Seite wird die naturbezwingende und weltverändernde Aktivität des Menschen (das also, was die Neuzeit Kultur nennt) in Frage gestellt. Dem _homo faber_ begegnet Mißtrauen überall. Wenn Goethe seinen Faust am Ende von Landgewinn und Deichbau, von neuen Räumen für Millionen phantasieren läßt, während die Lemuren schon bereitstehen, den Blinden wegzutragen unter Mephistos ironischem Kommentar, dann zeigt dieser ambivalente Kontext schon die ersten Einbrüche in das zu Goethes Zeit noch unerschütterte Fortschrittsbewußtsein. Nicht zufällig geht Fausts Werk, das er dem Meer abgerungen zu haben meint, in einer Überschwemmung unter – im großen Schmaus Neptuns, des Wasserteufels, wie Mephisto sagt. Und das Geklirr der Spaten – für Faust ein Zei-

---

24 Hierzu Hans Jürgen Bretschneider, Arzt und Naturwissenschaftler = Bursfelder Universitätsreden, hg. von Lothar Perlitt, 8 (1989); dort der Ausspruch des Physiologen Johannes Müller in seiner öffentlichen Vorlesung vom 19.10.1826 in Bonn: „Man darf die Natur nur auf irgendeine Weise gewalttätig versuchen, sie wird immer in ihrer Not eine leidende Antwort geben" (aaO 9). – Bretschneider weist auf Alexander von Humboldt, Karl von Frisch und Adolf Portmann hin: Sie „setzen die nicht verletzende vielseitige Beobachtung über das einengende Experiment" (10).

chen des Sieges über die Natur – signalisiert nicht das Gelingen des Dammbaus, sondern die Vorarbeiten für eine Bestattung: „Man spricht, wie man mir Nachricht gab / von keinem Graben, doch vom Grab."[25]

Auf der anderen Seite bleibt die Natur, die das Werk des Menschen an sich zurücknimmt, amorph und ungreifbar. Seltsam hilflos wirken daher die neuzeitlichen Bemühungen, Natur zu verlebendigen, sie zur Eigenmacht gegenüber menschlicher Arbeit und Kultur zu machen. Auch die Ambivalenz des Goetheschen Faust ist offenkundig: dem Welteroberer Faust ist nicht nur die Aussicht nach drüben „verrannt" – sein Gegenspieler Mephisto weiß auch, daß Natur keine ewige Wiederkehr ist, sondern „vollkommnes Einerlei", „reines Nichts", das „Ewig-Leere".[26] Alle Naturphilosophie hat daher im Kontext menschlicher Naturherrschaft etwas Ohnmächtig-Beschwörendes – es sei denn, die Natur wird bewußt aus den Zusammenhängen der Weltbemächtigung, der naturwissenschaftlichen Berechnung entlassen. So bei Nietzsche: Hier wird Natur zum Paradigma des „Zufalls", des Fatums, des vernünftig-unvernünftigen ewigen Kreislaufs der Dinge, des Ungesetzlich-Übermächtigen, das den Menschen zur Bedeutungslosigkeit verdammt. Und ähnlich steht es mit vielen naturphilosophischen Bemühungen unseres Jahrhunderts, von Plessner, Gehlen, Löwith bis zur Gegenwart – sie enden bei Appellen an die Weisheit des Ostens, an die Reste kosmologischer Tradition, an die Fähigkeit zur Selbstbegrenzung und Selbstkontrolle, an die begrenzende Wirkung institutioneller Geländer; kurzum, es

25 Johann Wolfgang Goethe, Faust, Text, hg. von Albrecht Schöne, Frankfurt am Main 1994, 445.
26 Goethe, Faust (wie Anm. 25), 447.

gelingt ihnen nicht, die Paradigmata von Kultur und Natur zu integrieren.

Christliches Denken tut gut daran, ein paar Schritte zurückzugehen und Abstand zu gewinnen von der aktuellen Diskussion über die Natur und den Menschen. Gewiß, Natur darf nicht zum wehrlosen Objekt technischer Verfügung degradiert werden, mit dem man in blindem Machbarkeitswahn beliebig umspringen kann. Ebensowenig aber darf sie neuerlich re-mythologisiert, als kosmische Einheit verstanden, ja „divinisiert" werden. Die „anthropologische Wendung" der jüdisch-christlichen Tradition kann nicht einfach rückgängig gemacht werden. Dem Menschen ist die Flucht in eine biomorphe, vor-menschliche Existenz verwehrt. *Post Christum natum* ist keine „Natur an sich" mehr denkbar, in deren Bios wir uns nur einfach einzufügen und einzupassen hätten.

Und endlich: Hat man vergessen, daß die Schöpfung ebenso „in Wehen liegt" wie der gefallene Mensch, daß sie kein Garten Eden ist und sich bei jedem näheren Blick als dunkles Reich der Widersprüche enthüllt? „Die Lebewesen rotten aus, quälen, fügen Schmerz und gewaltsamen Tod zu; das niedliche Eichhörnchen plündert die Nester der Singvögel, der hübsche Efeu erstickt die Ulme, der Tigervater frißt seine Kinder. Aber die ‚Natur' ist unschuldig, es gibt in ihr kein moralisches Sollen. Die Wesen handeln streng nach ihrer Natur. Das einzige Wesen, das sein Sein als Naturwesen überschreiten kann, auf Ausrottung, Qual und Schmarotzertum verzichten kann, ist der Mensch."[27] Diese Entscheidung aber vollzieht der Mensch nicht einfach als Lebewesen unter Lebewesen – er vollzieht sie als Mensch.

---

27 Reinhard Löw, Das philosophische Problem der ‚Natur an sich', in: ders. (Hg.), Biothetik, Köln 1990, 66 f.

Daher müßten heute aus dem Schatz christlicher Überlieferungen nicht vordergründige Kulturkritik, Technik- und Fortschrittsabwehr mobilisiert werden, sondern der Gedanke der Einheit der Natur als Schöpfung und damit das Gefühl der Verantwortung für etwas, was – selbst nicht mehr göttlich – dem Menschen als kostbares Gut zu treuen Händen anvertraut ist.

5. Staat

In der alten Welt verschloß sich die Politik
in Isolierung und übte die absoluteste
Selbstsucht ohne einen anderen Zügel als
die menschliche Klugheit. Das Gesetz der
Wiedervergeltung errichtete ewige Schranken und stiftete ewige Feindschaften zwischen den verschiedenen Verbänden, und
auf jedem Blatt der alten Geschichte findet
sich die Gegenseitigkeit des Übels, das man
sich antat. Die moderne Geschichte hingegen zeigt uns die Anwendung des Prinzips
der Solidarität und des Gleichgewichts zwischen den Staaten gegen die jeweilige Über-
macht eines einzelnen, um die Ausbreitung
seines Einflusses zu hemmen und ihn zur
Rückkehr in das gemeine Recht zu zwingen.
Clemens Lothar Fürst von Metternich

Das Christentum tritt hervor in einer Welt, die durch
die römische Friedensordnung *(pax Romana)* zugleich
befriedet und gefesselt wird. Und es trifft in den ersten
Jahrhunderten seiner Ausbreitung auf eine universelle
politische Religion: den Kaiserkult. Staat und Politik
treten in dieser Zeit mit besonderem Anspruch auf: bereits auf der Höhe der augusteischen Epoche wird das
goldene Zeitalter ausgerufen; die Götter sollen *für immer* versöhnt, der Friede soll *auf ewige Zeiten* gesichert werden. Eine politische Eschatologie breitet
sich aus in der gesamten von Rom beherrschten Welt,
mit verschiedenen Akzenten in West und Ost, aber

mit gleichem universellen Anspruch: Während der Kaiser in Rom als _princeps auctoritate_ regiert, wird er in der östlichen Reichshälfte als Gottheit verehrt, zu der man um die Fortdauer des Friedens betet.[1]

Alte Kirche

Die Haltung der frühen Christenheit zu Kaiser, Obrigkeit, politischer Gewalt hat viele Wandlungen durchgemacht. Quietistische Bescheidung, duldender Gehorsam finden sich in den Zeugnissen ebenso wie die herausfordernde These „Man muß Gott mehr gehorchen als den Menschen" – Vorbote jahrhundertelanger Kämpfe zwischen christlicher Kirche und weltlichem Regiment. Als Kontinuum in den wechselnden Situationen der Zeit treten zwei Züge hervor: die Christen gehorchen, apostolischer Weisung folgend, der Obrigkeit;[2] und sie beten – selbst in Verfolgungszeiten und ungeachtet ihrer entschiedenen Ablehnung des Kaiseropfers – für den Kaiser und das Heil des Reiches.[3] Freilich, wem gehorchen, für wen beten sie? Sie gehorchen

---

1 Arnold A.T. Ehrhardt, Politische Metaphysik von Solon bis Augustin, Bd. I, Tübingen 1959, 306.

2 Oscar Cullmann, Der Staat im Neuen Testament, Tübingen [2]1961; ders., Jesus und die Revolutionäre seiner Zeit, Tübingen 1970; Rudolf Schnackenburg, Die sittliche Botschaft des Neuen Testamentes, München [2]1962; Heinrich Schlier, Die Zeit der Kirche, Freiburg [5]1972, darin: Die Beurteilung des Staates im Neuen Testament; Paul Mikat, Bemerkungen zur neutestamentlichen Sicht der politischen Herrschaft, in: Begegnung mit dem Wort (Festschrift H. Zimmermann), Bonn 1980; ders., Art. Kirche und Staat, Staatslexikon, hg. von der Görres-Gesellschaft, 7. Aufl., Bd. III, Freiburg 1987, Sp. 468 ff.; Karl Kertelge, Der Brief an die Römer, Düsseldorf [2]1983.

3 Hugo Rahner, Kirche und Staat im frühen Christentum, München 1961; Hans Ulrich Instinsky, Die alte Kirche und das Heil des

einer Obrigkeit, die unter Gottes Gericht steht; und sie beten für einen Kaiser, der ein Herrscher ist, nicht ein Gott. Wo Obrigkeit ist, da ist sie im christlichen Verständnis von Gott verordnet. Wo ein Kaiser herrscht, da hat er keine Macht, es sei denn, sie wäre ihm von oben gegeben. So ist aller Gehorsam eingebettet in eine fundamentale Reduktion weltlicher Macht: Kein irdischer Herrscher kann sich *post Christum natum* noch absolut setzen und für das Ganze ausgeben, keiner kann die Geschichte ans Ende bringen, die Götter versöhnen, den Weltfrieden ausrufen. Mit Christi Inkarnation und Opfertod ist „die Zeit erfüllt", der Bann irdisch-geschichtlicher Macht gebrochen. Alle Mächte und Gewalten werden durch Christus „zur Schau gestellt" und ihres dämonischen Charakters entkleidet. Dämonisch ist nach christlicher Lehre, „was sich Gott nennt, ohne es zu sein".[4] Kaiser und Reich, Staat und Herrscher werden zu Dämonen, wenn sie göttliche Allmacht für sich beanspruchen. Diesem Anspruch darf, ja muß der Christ widerstehen, denn er weiß, daß dieser Anspruch auf Usurpation beruht und damit nichtig ist; er durchschaut die Faszination des Scheingöttlichen als eitles Blendwerk, als Maskerade, als *pompa diaboli.* Damit aber sind Staat und Politik etwas anderes, als sie bis dahin waren – sie enthüllen sich in einem radikalen Sinne als menschliche Schöpfung. Das Politische ist nichts Göttliches. Es wird zu sich selbst, zu seinen irdischen Zwecken, befreit. Seine eigene, nicht mehr mit Religion und Kult verwobene Geschichte beginnt. In mancher Hinsicht beginnt sie *erst jetzt.*

Staates, München 1963; Richard Klein (Hg.), Das frühe Christentum im römischen Staat, Darmstadt 1971.

4   Walter Kasper, Die Lehre der Kirche vom Bösen, in: Stimmen der Zeit 196 (1978), 507 ff., (511 f.).

So steht vor dem Dienst der alten Kirche am Staat in Gestalt von Gebet und Gehorsam ein anderer, fundamentalerer Dienst: die Entdivinisierung (besser: Entdämonisierung) des Staates, die Auflösung der spätantiken Symbiose von Kaiser, Reich, Gottesverehrung. Daß dies ein Dienst *am Staat* sei, eine Befreiung des Staates zu sich selbst, ein Schritt zu seiner Rechtsförmigkeit und Kontrollierbarkeit, das mußte heidnischen Betrachtern freilich wie eine Blasphemie erscheinen. Aber auch für die Christen war es ein schwieriger Gedanke, der nur langsam Boden gewann, wie die Rückfälle in eine – nunmehr christliche – Rom- und Reichstheologie nach Konstantin zeigen.[5]

Ein zweiter Beitrag des Christentums zum neuen Verständnis von Staat und Politik ist die Betonung der Linearität von Zeit und Geschichte[6] und die Freilegung der Kategorie *Verantwortlichkeit.* Die Antike entwickelte den Gedanken bürgerlicher Hingabe an den Staat. Das Christentum machte politisches Handeln rechenschaftspflichtig vor Gott und dem Gewissen. Ist Bürger im antiken Sinne einer, der die Sache des Staates bedingungslos zu seiner eigenen macht (und dafür im günstigen Fall Ruhm gewinnt und in der Bürgerschaft fortlebt), so kehrt das Christentum die Akzente um: Es entrückt das Bürgerrecht in den Himmel, es macht die Menschen zu Fremdlingen, Pilgern auf Erden und begründet damit den bis heute vorherrschenden Dualismus von christlicher und bürgerlicher Existenz. Jetzt werden die einfachen Formen politischer Identifikation brüchig. Verantwortung

---

5 Johannes Straub, Vom Herrscherideal in der Spätantike, 1939, Neudruck Stuttgart 1964; Vinzenz Buchheit, Christliche Romideologie im Laurentius-Hymnus des Prudentius, in: Polychronion (Festschrift Franz Dölger zum 75. Geburtstag), Heidelberg 1966.
6 Siehe oben S. 39.

wird neu und strenger gefaßt. Wie der Mensch über sein ganzes Leben Rechenschaft ablegen muß vor dem ewigen Richter, so wird jetzt auch der politische Bereich zum Raum persönlicher Verantwortung: Jeder Schritt muß bedacht, jede Handlung überlegt und abgewogen werden. In den Fürstenspiegeln entwickeln sich Formen einer religiös-pädagogischen Ethik. Ein Element mittelalterlicher Politik sind religiös begründete Sanktionen. In der Neuzeit macht die katholische Kirche die Herrscher rechenschaftspflichtig gegenüber kirchlichem Amt, Priestertum, Gewissen. Im Protestantismus sind die institutionellen Gewichte schwächer, die inneren Gewissensbindungen aber bestehen fort – von der bewußt kirchlichen Politik evangelischer „Betefürsten" in der Reformation bis zum individualistischen Umgang Bismarcks mit den Losungen der Brüdergemeinde.

Endlich darf daran erinnert werden, daß das frühe Christentum nicht nur die antiken Staatskulte überwindet und Geschichte und Politik als Feld des Menschen entdeckt – es überwindet auch die (von der *pax Romana* nur überdeckte) Partikularität des Staatlichen und Politischen. In den Lehren der Kirchenväter tritt die *eine Menschheit* jenseits der Rassen, Nationen, Sprachen und sozialen Unterschiede in den Blick. Die kreatürliche Gleichheit der Menschen vor Gott bereitet eine Position prinzipieller Rechtsgleichheit vor – daher kann im christlichen Kontext die Sklaverei nicht dauern.[7] Die Universalität der Menschennatur

---

7 Werner Dahlheim erinnert an die „für die Antike revolutionäre Botschaft, die Welt sei vergänglich, der einzelne Mensch hingegen unsterblich ..." Vor allem den Schwachen und Hilflosen „verlieh das in einem Stall geborene Gotteskind eine bis dahin unbekannte Würde: Sie konnten im besonderen Maße beanspruchen, Ebenbilder Gottes zu sein, und nichts verpflichtete sie zur moralischen

wird entdeckt: Sie ist nicht mehr, wie bei den Griechen, verhüllt durch den Gegensatz von Kulturmenschen und Barbaren, sie beschränkt sich auch nicht mehr auf den Unterschied von humanitas und „Tierheit" wie bei den Römern.[8] Hier liegen die Voraussetzungen für die spätere Entfaltung des Zusammenhangs von Menschheit, Naturrecht, Menschenrechten.[9] Der historische Durchbruch erfolgt freilich – nach langer Inkubationszeit – erst in der Neuzeit, unter der Schubwirkung säkularer Kräfte.

Unterwürfigkeit vor den Mächtigen dieser Erde. Wer heute das Schiff einer in der Einsamkeit aufragenden Zisterzienserkirche durchschreitet, begreift es sofort, wenn er im linken Arm des Querhauses eine kleine Pforte entdeckt. Durch sie trugen die Mönche des heiligen Bernhard ihre Toten, adlige Priester ebenso wie bäuerliche Laienbrüder. Gelebt hatten sie strikt voneinander getrennt, wie es das Gesetz ihrer feudalen Ordnung befahl. Gestorben waren sie in der Gewißheit, gleich vor dem Angesicht ihres Gottes zu sein, und mit dem Anspruch auf die gleiche Seligkeit jenseits der Zeit." (Werner Dahlheim, Verwehte Spuren. Die antiken Wurzeln des modernen Europa, in: Deutsche Akademie für Sprache und Dichtung, Jahrbuch 1997, 111–122 [120]).

8 So erhält „,humanitas' durch die Kirchenväter, entsprechend den universalistischen Tendenzen des Christentums, jetzt die in der klassischen Latinität ungebräuchliche, quantitativ-kollektive Bedeutung für die bisher gebräuchlichen Ausdrücke ,genus humanum' bzw. ,homines'" (Hans Erich Bödeker, Art. Menschheit, Humanität, Humanismus, in: Geschichtliche Grundbegriffe. Historisches Lexikon zur politisch-sozialen Sprache in Deutschland, hg. von Brunner-Conze-Koselleck, Bd. III, Stuttgart 1982, 1063 ff. [1067]).

9 Ernst-Wolfgang Böckenförde u. Robert Spaemann (Hg.), Menschenrechte und Menschenwürde, Stuttgart 1987; Ludger Kühnhardt, Die Universalität der Menschenrechte, Bonn [2]1991; Hans Maier, Wie universal sind die Menschenrechte, Freiburg 1997.

Inmitten des Aufstiegs der partikularen und feudalen Kräfte, der in vielen Teilen Europas dem Untergang der römischen Ordnung folgt, ist die Kirche der stärkste Faktor geistiger Einheit und sozialen Zusammenhalts. Glaubenslehre und Klosterbildung, zusammen mit dem Beispiel christlicher Lebensformen, durchdringen mit ihrem Geist die mehr und mehr sich differenzierenden lokalen und herrschaftlichen Gebilde. Karl Friedrich Eichhorn hat in seiner *Deutschen Staats- und Rechtsgeschichte* diese Wirkung des verbindenden Glaubens innerhalb der Vielfalt kleiner und kleinster Einheiten in berühmten Worten gewürdigt: „So aufgelöst aber auch eine Nation mit diesem Systeme der Verfassung, so zersplittert ihre Kraft in eine Menge von einzelnen kleineren und größeren Gesellschaften mit verschiedenem Rechte und verschiedenem Interesse beim ersten Anblick zu seyn scheint, so wurde sie doch durch Übereinstimmung der Sitten, Meinungen und besonders durch Einheit des Glaubens zu einem wahrhaft organischen Ganzen gebildet, und dadurch auch äußerlich zusammengehalten."[10]

Vielleicht am deutlichsten, geradezu von konstituierender Wirkung, sind die Wirkungen der Kirche im Bereich des *inneren Staatsfriedens*. Im 10. und 11. Jahrhundert verbreitet sich, von Südfrankreich kommend, die Bewegung des Gottesfriedens in Europa. Sie wirkt revolutionär – richtet sie sich doch gegen ein wesentliches Strukturelement der mittelalterlichen Ordnung: die Fehde. Der Ausübung „rechter Gewalt" durch autogene Herrschaftsinhaber, vor allem den

---

10 Karl Friedrich Eichhorn, Deutsche Staats- und Rechtsgeschichte, 2. Teil, Göttingen [5]1843, 346.

Adel, wird eine zeitliche und räumliche Grenze gesetzt: Gewisse Personen (Geistliche, Kaufleute, Bauern), Orte und Sachen (Kirchen, Kirchhöfe, Ackergeräte) werden unter den Schutz des Gottesfriedens _(Pax Dei)_ gestellt. In der _Treuga Dei,_ der Waffenruhe Gottes, werden Gewalttaten und Fehdehandlungen zu bestimmten Tagen und Zeiten verboten. Der Gottesfrieden wird beschworen, seine Verletzung wird mit kirchlichen und weltlichen Strafen bedroht (Hermann Conrad). An diese Bewegung des Gottesfriedens knüpft die von weltlichen Autoritäten ausgehende Landfriedensbewegung nach Form und Inhalt an, jene Bewegung also, die überall in Europa die autogenen Herrschaftsgewalten entmächtigt, die Fehde durch Gericht und Polizei ersetzt, die Ausübung „rechter Gewalt" beim Staat monopolisiert und damit den – uns heute ganz selbstverständlichen – innerstaatlichen Friedensraum schafft. So ist der „ewige Landfriede" die erste _realpolitische_ Form des Ewigen Friedens – die Verdrängung des Kriegs aus Privatrecht und Staatsrecht; dieser Vorgang wird in _Pax Dei_ und _Treuga Dei_ erstmals exemplarisch vorweggenommen.[11]

Eine spätmittelalterliche Parallele – und zugleich ein erstes Übergreifen in den zwischenstaatlichen Bereich – sind die Pläne einer durch Schiedsgerichtsbarkeit gesicherten dauernden Friedensordnung der europäischen Völker. Gewiß bleibt das meiste noch im Bereich politischer Theorie: die Ideen von Dubois, Podiebrad, Eras-

---

11 Joachim Gernhuber, Die Landfriedensbewegung in Deutschland bis zum Mainzer Reichslandfrieden von 1235, Bonn 1952; Karl Siegfried Bader, Das mittelalterliche Dorf als Friedens- und Rechtsbereich, Bd. 1, Weimar [3]1981; ders., Probleme des Landfriedensschutzes im mittelalterlichen Schwaben (1939), jetzt in: Bader, Ausgewählte Schriften zur Rechts- und Landesgeschichte, Bd. 3 (Schriften zur Landesgeschichte), Sigmaringen 1983, 67 ff.

mus und später ihrer modernen Nachfolger Crucé und Sully bis hin zum Abbé de Saint-Pierre haben erst im 19. und 20. Jahrhundert, mit der Heiligen Allianz, den Haager Konferenzen und dem Völkerbund, eine realistische Farbe gewonnen. Dennoch sind sie für die moderne Staatengesellschaft und die in ihr entwickelten Methoden der Friedenssicherung von nicht zu unterschätzender Bedeutung gewesen. Übrigens ist es charakteristisch, daß die frühesten unter diesen Autoren gegen die kaiserliche Universalmonarchie schreiben und mit dem heraufkommenden pluralistischen und nationalstaatlichen Europa verbunden sind. Wir sind hier bereits in der europäischen Staatengesellschaft der neueren Jahrhunderte, in einer Welt der Balancen, des vorsichtigen Kalküls, des durch Staatsräson gemäßigten nationalen Egoismus – in einer Welt freilich, der man nicht einfach ein präsumtives mittelalterliches Einheitsbewußtsein gegenüberstellen kann, da sie vielfach das Problem des übernationalen Friedens viel schärfer und brennender empfunden hat als das Mittelalter.

Endlich ein letzter gewichtiger Beitrag christlicher Reflexion zum modernen Staatenfrieden: das klassische Völkerrecht. Es verdankt der christlichen Tradition drei Hauptanstöße: den Gedanken der res publica christiana, den Gedanken der Ebenbürtigkeit der Monarchen als Voraussetzung für Staatengleichheit und Souveränität, endlich den schon erwähnten Gedanken einer internationalen Schiedsgerichtsbarkeit und eines Bundes der christlichen Völker. Und es entwickelt diese Tradition vom 16. zum 18. Jahrhundert, in einer Bewegung allmählicher Säkularisierung, zu einem „internationalen Recht der zivilisierten Staaten" weiter. Als Zwischen-Staaten-Recht ist das moderne Völkerrecht frei vom utopischen Ausgriff in die unsichere

Zukunft der Völkereinheit und des Ewigen Friedens; aber es schafft reale Fortschritte, auf die wir heute mit einem Gefühl der Sehnsucht zurückblicken: die strikte Begrenzung des Krieges auf den Staatenkrieg, die Beschränkung der Kriegsführung auf die Kombattanten, die Schonung der Kriegsgefangenen, die rechtliche Formalisierung des Krieges durch Kriegserklärung und Friedensschluß.

Die Beiträge der Kirche zur Staatwerdung und Staatsgestaltung in Europa sind von den weltlichen Autoritäten nicht immer freudig begrüßt und widerspruchslos akzeptiert worden, ganz im Gegenteil. Das Eingehen der Kirche in die Welt ist ein konfliktreicher, oft schmerzlicher Prozeß: man denke nur an den Investiturstreit, die Kämpfe zwischen Kaiser und Papst, den kaum je endenden Streit – schon im Mittelalter – zwischen Geistlichen und Laien. Auch die Kirche, so tief sie sich zwischen Mittelalter und Barockzeit auf die Welt einließ, mußte sich doch immer wieder aus weltlichen Bindungen befreien, um ihre Eigenständigkeit zu wahren. Ihre rechtliche und soziale Autonomie hat sich gerade in dieser Zeit herausgebildet – und damit ein Grundzug der inneren Ordnung des Abendlandes. Das Ergebnis des langen Ringens um die rechte Ordnung in der christlichen Welt[12] war weder die „Symphonisierung" von Kirche und Staat wie in der östlichen Tradition noch ein theokratisches Gebilde mit einem päpstlichen Oberherrn. Machtpolitisch blieb der Streit der Universalgewalten unentschieden. Was sich herausbildete, war eine zweipolige Ordnung, ein Nebeneinander von Staat und Kirche, mit Zonen

---

12 So kennzeichnet Gerd Tellenbach den Investiturstreit in: Libertas. Kirche und Weltordnung im Zeitalter des Investiturstreites (wie Kap. 3, Anm. 47).

der Überschneidung und solchen der Selbständigkeit – Voraussetzung für freiheitliche Ordnungen in künftigen Jahrhunderten.

Revolution, Liberalismus, Gegenwart

Die geschilderte Entwicklung umspannt den Zeitraum vom frühen Mittelalter bis zum letzten Drittel des 18. Jahrhunderts. Renaissance und Reformation, katholische Reform und Barockzeitalter setzen in dieser Zeit besondere Akzente, verändern aber die Dienste der Kirche am Staat nicht grundsätzlich. Gewiß erstarkt der moderne Staat in den neueren Jahrhunderten zu größerer Selbständigkeit, gewiß versucht er die Kirche seinen Zwecken – der Souveränitäts-Stabilisierung, der Heranbildung gehorsamer Untertanen – dienstbar zu machen. Doch bleibt er prinzipiell, auch in seinen partikularen und konfessionellen Formen, _christlicher Staat,_ Anwalt der Kirche, Vereinigung von Getauften, Hüter christlicher Moral und Tradition. Auch die Theoretiker des modernen Verfassungsstaates, Hobbes, Locke, Montesquieu, die Federalists, haben zumindest die moralischen Werte und Wirkungen des Christentums für unentbehrlich in einem modernen Staat gehalten. Die Integration von Nichtchristen galt lange Zeit als schwierig, die von Atheisten gar als unmöglich: Welchen Eid sollten sie leisten, wie konnte man sich ihres Gehorsams versichern?[13] Selbst die frühe Aufklärung, partiell von kirchlichen Kräften mitge-

---

13 Dieses Problem hat sogar noch John Locke, den Theoretiker moderner Toleranz und eines „civil government", beschäftigt; vgl. seinen Essay concerning toleration (um 1667), wo Atheisten als „Bestien" bezeichnet werden; der Verfassungsentwurf von Carolina, an dem Locke wahrscheinlich mitgewirkt hat, sprach ihnen

tragen,[14] sieht in einer vom „Aberglauben" gereinigten Religion ein nützliches moralisches Fundament des Staates, und ein so engagierter Kirchengegner wie Voltaire glaubt zumindest, sie sei unentbehrlich für das Volk („Il faut un dieu pour le peuple").[15]

Dies ändert sich grundsätzlich mit den modernen Revolutionen. Der aus ihnen hervorgehende Staat gründet nicht mehr auf religiösen Traditionen, versteht sich nicht mehr als _advocatus ecclesiae._ Er erbittet keine Dienste von der Kirche, und die Kirche bietet ihm keine an. Zum Fundament des Staates wird jetzt das Vernunftrecht. Christliche Gehalte sind der öffentlichen Ordnung nicht mehr im gleichen Maße imprägniert wie im älteren Staat – der Staat versteht sich als Sachwalter aller Bürger, unter denen sowohl Christen als auch Nichtchristen sind. Institutionelle Verbindungen von Kirche und Staat werden nun überall gelöst oder doch gelockert: In den USA waren sie kaum je vorhanden, in Frankreich werden sie in dem schmerzlichen Kampf zwischen Revolution und Kirche beseitigt, im Alten Reich fal-

---

sogar den bürgerlichen Status und das Recht auf Besitz und Niederlassung ab!

14 Für Frankreich kommt Thomas Schleich aufgrund der Untersuchungen von Jean Quéniart zu dem Schluß: „Hatte die Kirche in den Anfängen die Bildungs- und Aufklärungsbewegung mitgetragen, so zog sich zumindest die Pfarrgeistlichkeit seit 1740 immer stärker aus diesem Engagement zurück" (Schleich, Philosophische Gesellschaften [sociétés de pensée], aufklärerische Kirchenkritik und die Ursprünge der Französischen Revolution, in: Hans Maier u. Eberhard Schmitt [Hg.], Wie eine Revolution entsteht. Die Französische Revolution als Kommunikationsereignis, Paderborn 1988, 55 ff.).

15 Vornehmer, wenn auch nicht ohne einen Anflug von Arroganz, drückt sich Goethe aus: „Wer Wissenschaft und Kunst besitzt, hat auch Religion; wer jene beiden nicht besitzt, der habe Religion" (Hamburger Ausgabe, Bd. I, 367).

len sie mit dem Untergang der Reichskirche und mit der Säkularisation dahin. Je mehr sich der Staat auf eine Position religiöser Neutralität zurückzieht, desto weniger werden die Dienste der Kirche begehrt. Sie scheinen überflüssig zu werden; zumindest halten weniger Menschen als vorher sie für unentbehrlich oder für wünschenswert.

Der Vorgang ist vorbereitet in zwei vorangehenden Entwicklungen, die miteinander zusammenhängen. Einmal ist die Rolle der Kirche im modernen Europa seit dem 16. Jahrhundert generell geschwächt: Seit der Glaubensspaltung vermag sie ihre Rolle als Fundament der Einheit, als Instrument gesellschaftlicher Konsensbildung immer weniger zu spielen. Die partikularen, konfessionellen, halbstaatlichen Formen, die sich in dieser Zeit herausbilden, überzeugen auf die Dauer nicht. Immer weniger ist die Kirche ein universales Prinzip der Völkerwelt. In den protestantischen Ländern wird sie mehr und mehr vom Staat absorbiert, der sie in Verwaltung nimmt und unter Kuratel stellt. Aber auch in der nachtridentinischen katholischen Kirche beginnen die nationalen Formen zu dominieren – vom römischen Prinzip, vom Papsttum bleibt im 18. Jahrhundert nur ein bloßer Ehrenvorrang, ein soziologisches „Band der Einheit" übrig.[16]

Noch wichtiger ist eine zweite, mit der ersten eng verbundene Entwicklung: Die Kirche verliert ihre „Meinungsführerschaft" in Sachen Menschheit, Menschennatur, Menschenrechte. Die frühe Kirche hatte gegenüber den Partikularismen und Nationalismen der Zeit die Einheit der Völker, die Gleichheit der Menschennatur betont. In der Neuzeit hatten spanische und niederländische Theologen und Völker-

---

16 Hans Maier, Revolution und Kirche, Freiburg i. Br. [5]1988, 81 ff.

rechtslehrer diese Lehren glanzvoll erneuert.[17] Doch dann verlor die Kirche das Thema Menschheit über den naheliegenden Dichotomien des Tages (Christen und Heiden, Katholiken und Protestanten, Nation und Welt) aus den Augen. Die Federführung für die Idee der Menschheit geht immer mehr an das profane philosophische Denken über. Schließlich löst die Aufklärung das Konzept Menschheit aus seiner christlichen Verankerung (konsequenter übrigens die deutsche als die englische und französische): Der Begriff des Menschen (als einer universalen Idee) obsiegt über den des Christen, der plötzlich partikular geworden ist. „Sind Christ und Jude eher Christ und Jud als Mensch?" läßt Lessing seinen Nathan fragen. Damit wird die aufklärerische Programmatik – aus Christen sollen Menschen werden! – in der Entwicklung der Menschenrechte dominierend, was erklärt, daß die Kirchen an der Proklamation und Deklaration dieser Rechte im 18. Jahrhundert kaum beteiligt sind.[18]

Der Staat, der aus den modernen Revolutionen hervorgeht, verändert die überlieferte Arbeitsteilung zwischen Kirche und Staat. Er übernimmt viele Tätigkeiten, die bisher in den Händen der Kirche lagen. Jetzt entsteht ein weltliches Gesundheits- und Sozialwesen, ein staatliches Bildungs- und Erziehungswesen. Öf-

---

17 James Brown Scott, The Spanish Origin of International Law, Oxford: Clarendon Press 1934; Ernst Reibstein, Die Anfänge des neueren Natur- und Völkerrechtes, Freiburg-München 1949; Joseph Höffner, Kolonialismus und Evangelium. Spanische Kolonialethik im Goldenen Zeitalter, Trier 1969; Günter Hoffmann-Loerzer, Studien zu Hugo Grotius, München 1971.

18 Präzise faßt Hans Erich Bödeker (wie Anm. 8) diese Entwicklung zusammen: „Die beginnende Aufklärung [...] hat in Fortsetzung einer von der Christenheit aufgenommenen, aber nicht vollendeten Aufgabe das Konzept der Gesamtmenschheit erneut zur Geltung gebracht" (aaO 1076).

fentliche Tätigkeiten, einst als Hilfe zu christlichem Leben initiiert, erhalten jetzt ein allgemeineres, humanitäres Vorzeichen. Der Staat nimmt das bisher von der Kirche verwaltete (oder mitverwaltete) eigene Innere in Besitz.[19]

Das ist zunächst ein unvermeidlicher Vorgang. Die Kirche wird durch ihn in ihrem Tätigkeitsbereich nicht nur geschmälert – sie wird auch von mannigfachen Bürden befreit. Sie kann sich freier und unbelasteter ihrem eigentlichen Auftrag zuwenden. Auch ist nicht zu verkennen, daß der Staat, wo er sich um Gerechtigkeit, Entfaltung der Person, sozialen Ausgleich, Hilfe für Arme, Kranke, Schwache bemüht, ein Werk fortführt, das die Kirche begonnen hatte. Weltliche Wirkungen des Christentums gehen im westlichen Verfassungsstaat, im civil government, in viele Sachstrukturen von Politik, Gesellschaft, Wirtschaft ein – im 20. noch mehr als im 19. Jahrhundert.[20]

Was den Katholizismus angeht, so zerstören Revolution und Säkularisation überall in Europa die aristokratische, feudale und nationale Kirche; sie bereiten nach innen der Demokratisierung des Klerus, nach außen dem neuen Aufstieg der römischen Universalgewalt den Weg. Die nationalen und ständischen Unterschiede innerhalb der Kirche schleifen sich ab; eine

19 Der Vorgang ist – als Einheit – bisher kaum dargestellt; wer sich informieren will, muß einerseits zu bildungsgeschichtlichen, andererseits zu sozialgeschichtlichen Studien greifen. Einige Gesichtspunkte bei Karl-Ernst Jeismann und Peter Lundgreen (Hg.), Handbuch der deutschen Bildungsgeschichte, Bd. III (1800–1870), München 1987, 15 ff.; ferner Gerhard A. Ritter, Der Sozialstaat. Entstehung und Entwicklung im internationalen Vergleich, (wie Kap. 1, Anm. 30); dort 29 ff. ein Überblick über Armenpflege und allgemeine Wohlfahrt vom Mittelalter bis zum Ende des 18. Jahrhunderts).

20 Siehe oben S. 20 f., 114 ff.

ständelose _conditio christiana_ tritt hervor, welche die alte Verbindung geistlicher Ämter und weltlicher Würden grundsätzlich überwindet. Das bedeutet, daß sich die Kirche nach der Revolution in eigentümlicher Weise gerade aus den beiden das 19. Jahrhundert am stärksten bedrängenden politischen Problemen, dem nationalen und dem sozialen, herausgehoben sieht: aus dem nationalen, weil sie nach dem Zerbrechen der Einheit mit Königtum und Staat wieder mit Entschiedenheit zur Weltkirche wird; aus dem sozialen, weil sie, trotz mancher Übergänge und Vermittlungen, zur bürgerlich-liberalen Gesellschaft in einem ausgeprägten Distanzverhältnis bleibt. Diese Perspektive wird für die Kirche jedoch erst im 20. Jahrhundert sichtbar und wirksam – nach dem Durchschreiten des nationalstaatlichen Zeitalters und nach der sozialstaatlichen Umformung der liberalen Gesellschaft.

Gegenüber dem modernen nachrevolutionären Staat verfolgt die Kirche ein doppeltes Ziel: den liberalen „Not- und Verstandesstaat" versucht sie aus ihrem sozialen Ethos heraus zu _ergänzen,_ den liberalen Erziehungs- und Kulturstaat versucht sie zu _korrigieren._ Dementsprechend nimmt ihr Dienst an diesem Staat eine überwiegend kritische Gestalt an: Auf der einen Seite steht der Kampf gegen die soziale Abstinenz des Frühliberalismus,[21] auf der anderen Seite die Selbstbewahrung und Verteidigung der Kirche im Kultur-

---

21 Grundlegend: Jean-Baptiste Duroselle, Les débuts du catholicisme social en France (1822–1870), Paris 1951; Church and Society. Catholic Social and Political Thought and Movements 1789–1950 (ed. Joseph N. Moody), New York 1953; Emil Ritter, Die katholisch-soziale Bewegung in Deutschland im 19. Jahrhundert und der Volksverein, Köln 1954; Clemens Bauer, Bild der Kirche – Abbild der Gesellschaft, in: Bauer, Deutscher Katholizismus. Entwicklungslinien und Profile, Frankfurt 1964.

kampf.[22] Beides sind Vorspiele zu den sehr viel radikaleren Frontstellungen des 20. Jahrhunderts. Inmitten einer weltweit gewordenen sozialen Frage, unter den Selbstbestimmungs- und Befreiungsforderungen von einzelnen wie Gruppen und Völkern, sucht die Kirche nach neuen Formen der Präsenz und der Verkündigung. Zugleich begegnet sie in den modernen Totalitarismen erneut der alten Selbstbezogenheit des Staates – der *pompa diaboli*, der „Maskerade des Bösen" (Dietrich Bonhoeffer)[23] – wie in den frühen Jahrhunderten der Christenheit.

Über diesen Zuspitzungen und Radikalisierungen sind zweifellos die alltäglichen „Normallagen" im Dienst der Kirche am Staat – und auch das Denken

---

22 Auf dem Kontinent tritt der liberale Staat der katholischen Kirche vor allem als – keineswegs liberale – Erziehungs- und Kulturmacht gegenüber: daher die spezifisch kontinentale Problematik des „Kulturkampfs" (die in dieser Form in den Ländern der angelsächsischen Demokratie nicht vorkommt). Margaret Lavinia Anderson neigt daher in ihrer bedeutenden Windthorstbiographie dazu, dem kontinentalen und besonders dem deutschen Liberalismus (der stets mit nationalstaatlichen und kulturprotestantischen Bewegungen verbunden war) Liberalität im angelsächsischen Sinn überhaupt abzusprechen: Margaret Lavinia Anderson, Windthorst. Zentrumspolitiker und Gegenspieler Bismarcks, Düsseldorf 1988 (Nachdruck 1989).

23 Dietrich Bonhoeffer, Nach zehn Jahren (1943), in: Bonhoeffer, Widerstand und Ergebung, Neuausgabe Stuttgart/München 1986, 11 f. („Die große Maskerade des Bösen hat alle ethischen Begriffe durcheinandergewirbelt. Daß das Böse in der Gestalt des Lichts, der Wohltat, des geschichtlich Notwendigen, des sozial Gerechten erscheint, ist für den aus unserer tradierten ethischen Begriffswelt Kommenden schlechthin verwirrend; für den Christen, der aus der Bibel lebt, ist es gerade die Bestätigung der abgründigen Bosheit des Bösen" [aaO 12]). Vgl. auch Alfred Delp, Gesammelte Schriften, hg. von Roman Bleistein, IV (1984), 312 ff., 366 ff. u. V (1988), 261 ff. (dort die Stichworte: „Der Mensch stirbt mit dem Christen, der Christ aber auch mit dem Menschen" und: „Viel urchristliche, ,humanistische' Arbeit" [264]).

darüber – in unserem Jahrhundert zu kurz gekommen. Daher die heute evidenten Lücken und Defizite im Verhältnis von Kirche und *Marktwirtschaft*, Kirche und *Verfassungsstaa*t, Kirche und *Menschenrechten*, um nur drei offenkundige Problemfelder zu nennen. Zu hoffen ist, daß der Zusammenbruch auch der zweiten Form des Totalitarismus in unserem Jahrhundert (1989–91) dem christlichen Denken eine Atempause einräumt.

6. Künste

Der Glaube löst einen unvergleichlichen In-
dividualisierungsprozeß aus und läßt so den
ganzen Reichtum der Personalität offenbar
werden. In diesem Sinne entläßt der Glaube
an Gott die höchstmögliche Autonomie des
Menschen aus sich, wenn man dabei die
Entbindung der schöpferischen Kräfte
versteht.

Karl Lehmann

Insofern sich die christliche Botschaft „an alle" wendet, muß sie in allen Völkern und Kulturen präsent
sein. Inkulturation ist also ein Gesetz christlicher Geschichte – diese entfaltet sich in einer intensiven Zuwendung zur Welt, im Bemühen um Ausdruck in allen
kulturellen Bereichen. Das gilt nicht nur für Kunst
und Bildung im Dienst der Kirche, es gilt auch für
zahlreiche profane Formen in den vom Christentum
geprägten Kulturen. Insofern ist die „Zustimmung zur
Welt" (Josef Pieper) eine Grundbedingung christlichen
Lebens. „Kein weltlicher Wert darf aus Hochmut oder
Ressentiment verachtet werden. Jedes Gut ist dem katholischen Menschen nötig, er kann sich nicht das
kleinste Nein erlauben, wo er vor einem weltlichen
Guten steht."[1]

Das Verhältnis von Kirche und Kultur war jedoch nie
spannungslos. Seine „bleibende Dialektik" (Heinrich

---

1 So Hans Urs von Balthasar im Nachwort zu seiner Übersetzung
des „Seidenen Schuhs" von Paul Claudel, Salzburg [8]1957, 402.

Fries) rührt daher, daß im Christentum von Anfang an nicht nur Elemente der Kulturaneignung und -durchdringung wirksam sind, sondern auch gegenläufige Tendenzen der Kulturkritik, ja der Kulturverneinung. Der apostolischen Maxime: Allen alles werden! steht der Satz gegenüber, daß Gott „die Weisheit der Welt zur Torheit gemacht" hat. Der erste Johannesbrief warnt davor, die Welt und was in ihr ist zu lieben. Inkarnation des Christentums – auch kulturelle – trägt daher immer auch das Zeichen der Entäußerung, des Verzichts, der freiwilligen Armut. Das menschliche Wort zerbricht am göttlichen Wort; die irdische Schönheit wird aufgehoben in die größere *Herrlichkeit* hinein.[2] So verbindet sich auch das Christentum nie endgültig und unwiderruflich mit *einer* Kultur: Neue Inkulturationen lösen alte Kulturverbindungen (des Christlichen mit dem Griechischen, Römischen, Germanischen, Neuzeitlich-Westlichen) ab. Kultur oszilliert im christlichen – und auch noch im nachchristlichen! – Zeitalter zwischen den Polen der Weltlichkeit und der Weltabwendung, des Spirituellen und der Identifikation mit dem Alltäglichen, Realen. Unübersehbar ist überall das Bemühen, Stil- und Standestrennungen aufzulösen, auch die Welt der Armen, Behinderten, Kranken, Entrechteten wahrzunehmen. Das entspricht der christlichen Umwertung der Werte: den „Unmündigen ist geoffenbart", was den Weisen verborgen bleibt. Christliche Künste sind nie einfach schöne Künste. Christliche Dichtung schließt stets auch Abgründe, Häßlichkeiten, „Seelenauswürfe" (Gottfried Benn) ein.

Das Verhältnis von Religion und Kultur ist lange Zeit vorwiegend im Bild der Analogie gesehen worden.

---

2 Hans Urs von Balthasar, Herrlichkeit. Eine theologische Ästhetik, 7 Bde. Einsiedeln 1961–1969.

Man erbaute sich am Gleichklang des Seins, des Wahren und des Schönen. Schöpferisches Tun des Menschen galt als Nachbilden der Schöpfung, im Kunstwerk offenbarte sich die Transzendenz. Erzählende Bildprogramme stellten dem Beschauer die Zusicherung einer gottgelenkten Welt und Überwelt vor Augen. Vor allem das Zeitalter des Barock riß im Welttheater seiner Deckenfresken den Himmel auf. Noch im Andachtsbild des 19. Jahrhunderts lebte die erzählende Vergegenwärtigung der Heilsbotschaft weiter; und auch die heutige „nicht mehr schöne" Kunst kann noch immer in bewußter Aussparung Elemente der Transzendenz durchscheinen lassen.

Zu betonen ist aber, daß Religion und Kultur im christlichen Verständnis und in der Geschichte ihrer Wechselwirkungen ebenso – wenn nicht sogar noch stärker! – auch durch Spannungen und Widersprüche gekennzeichnet sind. Hierher gehören die in dieser Geschichte immer wieder aufflackernden Ikonoklasmen, Bilderstürme; hierher gehört der immer wieder erneuerte christliche Protest gegen weltliche Schönheit, gegen die Verdrängung der „Knechtsgestalt" des Menschensohnes. Zweifellos, das Christentum ist eine der stärksten inspirierenden Quellen der Kultur und der Künste, die Kirche „die Mutter der Bilder". Zugleich aber enthält das Christentum eine entschiedene Absage an ein Wissen, das sich selbst genügt, an eine Schönheit, die in sich selbst ruht. Auf allen Wegen christlicher Kunst begegnen wir der Ästhetik der Entäußerung, dem Minoritenpathos des Unvollkommenen und Häßlichen – von den Kreuzigungs- und Folterszenen spätgotischen Mitleidens bis zu der das Absurde und Surreale streifenden Kunst Grünewalds, des Hieronymus Bosch, Georges Rouaults, Francis Bacons.

Nicht nur die Künste, auch Bildung und Erziehung haben eine ihrer Quellen in der Kirche.[3] Das ist bis heute hörbar im kirchlich-pädagogischen Doppelsinn des Wortes Schola, Schule – im Gleichklang der Worte Kleriker und Gebildeter (clericus, clerk, clerc) in mehreren europäischen Sprachen. Die Inhalte mittelalterlicher Bildung sind gewiß nicht ausschließlich solche der Kirche, des kirchlichen und christlichen Lebens: neben der kirchlich-klerikalen gab es stets auch eine ritterlich-laikale Bildung, neben der schriftlich-wissenschaftlichen der Klöster eine Kultur des Reitens, Tanzens und Fechtens auf Burgen und Schlössern; das Widerspiel beider gibt den mittelalterlichen Jahrhunderten ihre Spannung und ihren Reichtum; erst in der bürgerlichen Kultur der Neuzeit fließen beide Elemente ineinander über. Aber die *Vermittlung* der Bildung geschieht in kirchlichen Formen, an geistlichen Orten, durch Mönche und Priester. Wie die Reste antiker Kultur aufgenommen, ausgewählt und weitergegeben werden, was von ihnen in die allgemeine Bildung der Zeit eingeht, darüber bestimmen Geistliche.

Seitdem christliches Denken in der Patristik sich alles irdische Wissen unterworfen hatte, ging die antike Kultur als weltliches Gut in den Gebrauch der Christen über: So wurde das Weiterleben antiker Texte gesichert durch die Schreibarbeit der Klöster; die sieben freien Künste als letzter reduzierter Lehrplan des Altertums lebten weiter im Trivium und Quadrivium der Kathedralschulen; antike Philosophie und antike Rhetorik prägten Universitäten und Schulen bis in die Neuzeit hinein. Bis zur Reformation (und in den ka-

---

3 Hans Maier, Staat – Kirche – Bildung, Freiburg 1984, 65 ff.

tholischen Ländern bis zur Schwelle der modernen Revolutionen) standen Schulen und Hochschulen in kirchlicher Trägerschaft. Das universelle Lernziel hieß: christliche Lehre, christliches Leben.

Aus der Aneignung antiker Stoffe im Dienst neuer christlicher Bildungsziele folgte ein Dreifaches: _Einmal_ war die christliche Bildung des Mittelalters schriftgebundene Bildung; sie ging aus von literarischen Texten, profanen und biblischen, sie setzte Schriftkenntnis und Schriftgebrauch voraus. Da aber die mittelalterliche Gesellschaft zum ganz überwiegenden Teil aus nicht schreib- und lesekundigen Menschen bestand, folgte daraus ein Zweites: der Stand der Gebildeten war strikt abgegrenzt, lange Zeit mit dem der Geistlichen identisch; er verbreitete sich erst langsam durch Einschluß bürgerlicher Schichten im Spätmittelalter; von einer allgemeinen Bildung, einer allgemeinen Schule, einer Elementarerziehung für alle konnte noch keine Rede sein. Endlich drittens: Große Bereiche des Fühlens und Empfindens entwickelten sich – außerhalb des literarisch-schulischen Bildungswesens – in anschaulichen und symbolischen Formen. Wo die Bibel nicht gelesen werden konnte, da regierte die allen verständliche Bildsprache. Wo die subtilen Unterscheidungen der Theologen nicht hinreichten, da wirkte die Symbolik der Kirchengebäude als der zentralen Versammlungsstätten der Christenheit um so eindringlicher auf die Gemüter.[4] Man muß durch mittelalterliche Kirchen gehen und dazu Kommentare des Isidor oder des Honorius Augustodunensis lesen, um zu begreifen, daß kirchliche Bildung in

---

4 Joseph Sauer, Symbolik des Kirchengebäudes und seiner Ausstattung in der Auffassung des Mittelalters, Freiburg [2]1924 (Neudruck Münster 1964).

dieser Zeit ein Ganzes war, obwohl ihre schriftlichen Formen nur einen kleinen Kreis erreichten. So deutete die kreuzförmige Anlage der Kirche auf die Nachfolge des Gekreuzigten hin; wie die Heilsbotschaft aus den vier Evangelien, so war auch die Kirche aus den vier Mauern erbaut. Der Klerus im Chor und die Laien im Kirchenschiff wiesen auf das aktive und kontemplative Leben; die Fenster auf die heiligen Doktoren, durch die das himmlische Licht in die Kirche kam, der Fußboden auf das Volk, durch dessen Kraft die Kirche gestützt wurde, die Türme auf die Bischöfe und Prälaten und die Glocken auf ihre Predigten – so Honorius in seiner *Gemma animae*. Eine reiche Entfaltung dichterischer, symbolschaffender Anschauung, eine Vielfalt von Beziehungen, in der alles seinen Rang und seine Stelle hatte, in der das eine Vorbild oder Abbild des anderen war. Was nicht gewußt wurde, das wurde symbolisch ausgefüllt; was nicht erforscht wurde, das wurde aus der Tradition übernommen. Die Zeit eiferte danach, lieber weniges (und Undeutliches) vom *Ganzen* zu wissen, als vieles und Exaktes vom *Einzelnen*. Daher konnte Bildung im Schoß der Kirche Bildung der wenigen sein und doch in symbolischen und anschaulichen Formen alle umfassen.

Innerhalb der neuen christlichen Lebensordnungen, wie sie sich seit der Spätantike entwickelten, kam es zu einer Wiedergeburt der Künste. Liturgie und Bibel wurden zum Ausgang schöpferischer Entwicklungen in Poesie, Theater, Musik, Architektur und bildender Kunst. Das Stundengebet (Benedikt) und die Meßliturgie (Papst Gregor der Große) nahmen nicht nur jüdische (vor allem synagogale) Sprech- und Gesangsformen auf, sie setzten nicht nur spätantike Hymnentraditionen fort – sie regten auch zur Schaffung neuer Dichtungen, neuer musikalischer und dramatischer Formen (Tropen, Sequenzen, Hymnen, Dialoge, Spiele) an. Hatte für den frühchristlichen Gottesdienst die Versammlung der Gläubigen um den Mahltisch genügt, so entwickelte sich mit dem Ende der Verfolgungen und der Ausbreitung des Christentums eine eigene Kirchenarchitektur. Die Gottesdienste erweiterten sich, reicherten sich an durch Wort-, Bewegungs-, Tonkünste. Geistliche Spiele entstanden. Die Aneignung und Übersetzung der Bibel hinterließ ihre Spuren in den neu entstehenden Nationalsprachen des östlichen und westlichen Abendlandes. Aus dem Vorrat von Psalmen- und Hymnensprache nährten sich poetische Texte von der Spätantike bis zur Moderne.[5] Nach einem Jahrtausend der (ebenso jüdischen wie griechischen und christlichen) Monodie rings um das Mittelmeer entstanden nördlich der Alpen die ersten Formen der Mehrstimmigkeit im christlichen Gottesdienst, hervorwachsend „aus der Begegnung des christlichen Wortes mit einem klanglich-instrumentalen Musikempfinden" der germanischen Völker (Thrasybulos Georgiades).[6] Auch das Bild, lange Zeit aus der Kirche ferngehalten wegen des alttestamentlichen Bilderverbots und der Erinnerung an die Idolatrie vor Kaiserbildern, fand jetzt Eingang in die Welt des Christentums. Der heftig hin- und herwogende Bilderstreit endete im Osten mit der Anerkennung der Bilder: Darstellungen Christi beglaubigten die Realität der Inkarnation.[7] Auch im zurückhaltender argumentierenden Westen wurden Bilder als didaktische Begleitung des Schriftwortes zugelassen (Biblia paupe-

---

5   Vgl. Inka Bach/Helmut Galle, Deutsche Psalmendichtung vom
    16. bis zum 20. Jahrhundert, Berlin 1989.
6   Thrasybulos Georgiades, Musik und Sprache, Berlin [2]1974, 21 ff.,
    30 ff.
7   Hans Belting, Bild und Kult. Eine Geschichte des Bildes vor dem
    Zeitalter der Kunst, München 1990, 174 ff.

rum). Narrative Traditionen einer „an alle" adressierten Kunst entwickelten sich, ausgezeichnet durch Schriftnähe und motivisch-ikonographische Konstanten; das reicht von den Programmen mittelalterlicher Kathedralen bis zu den Altarbildern des Barock und noch bis zu den Andachts- und Historienbildern der Nazarener – so wie auch Musik und Dichtung in dieser Zeit alle Register des Triumphs, der frommen Innigkeit, der predigthaften Ansprache und des evangelisierenden Nachdrucks ziehen.

Ästhetik und Autonomie

Geht die Kultur im älteren Europa wesentlich auf kirchliche Anstöße und Anregungen zurück, gedeihen vor allem die Künste im Schoß einer die weltliche Ordnung einfassenden und umspannenden Ecclesia, so ändert sich dies in der Neuzeit. Auf eine kurze Formel gebracht: 1. Die Kulturtätigkeiten der Kirche im staatlichen Bereich (Personenstandswesen!), in der Armen- und Krankenpflege, im Erziehungs- und Bildungswesen, in den Wissenschaften gehen überwiegend auf den Staat über. 2. Die Künste lösen sich aus der Verbindung mit Liturgie, Verkündigung, kirchlichen Aufträgen und Funktionen; sie suchen ihr Gesetz in sich selbst (Autonomie); der Wille des Künstlers ersetzt die Regeln. 3. Dieser neuen ästhetischen Kunstwelt tritt dann, mit forderndem Anspruch, eine christliche Kunst gegenüber, die alte Formaufträge (des Monumentalbaus, des Andachtsbildes usw.) gegen die Zeit durchzuhalten versucht, oft mit Hilfe altchristlicher und mittelalterlicher Rückgriffe, die aber eben dadurch sich innerhalb der Zeitkunst isoliert und marginalisiert und schließlich zum kulturellen Getto wird.

1. Zuerst emanzipiert sich der neu entstehende moderne Staat von der älteren kirchlich und religiös bestimmten Kultur. Er zieht die kirchlichen Kulturaufgaben an sich. Vor allem übernimmt er das Bildungswesen aus den Händen der Kirche. Vorausgegangen sind Veränderungen im Verständnis der Bildung und ihrer Vermittlungsformen: Der Buchdruck hat die Verbreitung des Wissens vom individuellen Akt des Schreibens gelöst. Das wißbegierige Publikum ist mit wachsender ökonomischer Stabilisierung der Lebensverhältnisse durch die staatliche Friedensordnung breiter geworden; längst reicht es über die enge Schicht der *clerici* hinaus. Die einheitsschaffende Symbolkraft der Anschauung ist dem analytischen Drang nach Untersuchung des Einzelnen gewichen; die modernen Wissenschaften bringen Bewegung in den jahrhundertealten Kanon der Wissensvermittlung und gestalten die alten *artes* mit ihrer sorgfältigen Balance des Intellektuellen, Musischen und Praktischen zu kognitiven, an der Forschung orientierten Disziplinen um.

Der Vorgang betrifft die europäischen Länder insgesamt; er gewinnt aber in Deutschland eine besondere Note. Hier beginnt die Emanzipation schon früher; sie setzt ein mit der Reformation. Im Grunde ist schon der konfessionelle Territorialstaat mit seinem staatlich überwachten oder dem Staat eingeordneten Kirchenwesen ein Kulturstaat im modernen Sinn, wenigstens im Umriß, und die Vermehrung der Staatsaufgaben durch Übernahme kirchlicher Tätigkeiten datiert in Deutschland zumindest für das Erziehungswesen schon aus der Zeit Melanchthons und des konfessionellen Fürstenstaates. Man hat in bezug auf die protestantischen Territorien von einem „um die Kirche bereicherten Staat" gesprochen (Kurt von Raumer), der die Kirchenregierung mitbestimmte und schließlich im aufgeklärten

Absolutismus ganz für sich in Anspruch nahm. Auch katholische Staaten gingen später ähnliche Wege. So war die staatliche Kulturverwaltung wesentlich Kirchenverwaltung, sie nahm sich zahlreicher ehemals kirchlicher Tätigkeiten an, weswegen z. B. die kulturellen Verwaltungsbehörden in Deutschland nicht Erziehungsministerien oder Kulturministerien heißen, sondern Kultusministerien (in Württemberg früher sogar Kultministerien – hier wird der Ursprung am deutlichsten). Ähnliches geschah später im Gesundheits- und Armenwesen; auch hier zog der Staat seit der Aufklärung und den Revolutionen des 18. Jahrhunderts die Führung an sich. Allerdings vollzog sich die Umschichtung der kulturellen Aufgaben in den europäischen Staaten nach unterschiedlichen Mustern und in verschiedenem Tempo: Nicht nur in den katholischen Ländern, sondern auch in Britannien und Skandinavien bewahrten die Kirchen einen großen Teil ihrer mittelalterlichen Verwaltungs-, Gesundheits-, Sozial- und Erziehungsaufgaben – zum Teil bis heute.

2. „Kunst" tritt in der Neuzeit aus der Gemengelage mit Technik, Handwerk, volkstümlichem Spiel und Brauch, allgemeiner Übung „für alle" heraus;[8] sie löst sich zunehmend von ihren alten Aufgaben und Funktionen. „Nachahmung des Naturschönen" wird ihr Gegenstand, sie nimmt nicht mehr einfach Aufträge entgegen, sondern entwickelt Formen des autonomen Suchens und Findens der Bildgegenstände. Kunst wird jetzt aus der Wahrnehmung, der Aithesis bestimmt, also ästhetisch – und damit kommen alle jene Bestim-

---

8 Zum folgenden: Hans Maier, Der Wandel der Kunst und die Kirche, in: Internationale Katholische Zeitschrift (Communio) 12/ 1983, 179–188.

mungen ins Spiel, die für den Weg des Künstlers in die freie Subjektivität bezeichnend sind, Emotion, plaisir, Bewunderung, Gefallen. Es entsteht eine autonome Kunstwelt, in der das Christliche nicht mehr einfach vorgegeben ist, sondern sich in der Sprache der „Gemütskraft", der Ästhetisierung und Subjektivierung vernehmlich machen muß. Das ikonographisch Gemeinverbindliche, die Hierarchie der Gegenstände löst sich auf. Die neue Kunst hat keine definierte Beziehung zum Religiösen und Politischen. An die Stelle der Kirchenkunst – später der Staatskunst – tritt der bürgerliche Innenraum. Am Ende stehen Bilder, auf Verdacht gemalt, dem Kunstmarkt anvertraut, gekauft oder nicht gekauft von Menschen, die den Künstler unter Umständen niemals sahen – schon äußerlich der schärfste Gegensatz zur älteren Kunst, die von Aufträgen, kirchlich-liturgischen Erfordernissen und ikonographischen Mustern bestimmt war.

3. Zielt die „liberale Kunst" (Kurt Bauch) auf Entgrenzung und Eigengesetzlichkeit, so versucht demgegenüber „christliche Kunst" – das Wort kommt erst im 19. Jahrhundert auf[9] – die älteren Gegebenheiten zu bewahren und zu verteidigen. Christlichen Themen und Formen soll auch unter den neuen Bedingungen der Kunstproduktion und -rezeption eine Zukunft gesichert werden. Dies gelingt freilich, wie die Erfahrung zeigt, nur durch bewußte historische Anlehnung an die Vergangenheit, durch Rückgriffe auf altkirchliche, byzantinische, romanische und gotische Formen. Da-

---

9 Frühester Beleg: Alexis F. Rio, De l'art chrétien, Paris 1836; vgl. P. Laurentius Koch OSB, Christliche Kunst. Zur Genese und Klärung eines Begriffs, in: Begegnung. Hefte für den Dialog zwischen Kirche und Kunst, München 1/1995, 6–10.

mit verbindet sich ein Geschichtsbild von Verfall und Erneuerung und eine Orientierung am unüberbietbar Klassischen („Dürerstil", „Palestrinastil"). Puristische Rückwendungen leiten einen bewußten Rückzug aus der Zeitkultur ein. Nazarener und Cäcilianer wollen den alten Bund der Kirche mit den Künsten erneuern. Doch die Kräfte reichen – nach dem Abklingen der Romantik – für einen solchen Neuanfang nicht aus.

Das heutige Verhältnis von Religion und Kultur (Kirche und Künsten) ist nicht auf eine einfache Formel zu bringen. In den einzelnen Künsten ist die Gesprächssituation unterschiedlich. Es gibt weite Bereiche eines verhältnismäßig unproblematischen Zusammenspiels, wo auch Begegnungen mit der Avantgarde möglich sind und eine schroffe Trennung von außerkirchlicher und innerkirchlicher Kunstübung nicht besteht: Beispiele sind die moderne Kirchenarchitektur (Gaudí, Le Corbusier) und die geistliche Musik (Strawinski, Hindemith, Messiaen, Gubaidulina). In beiden Bereichen hat sich die Beziehung zu einer konkreten Gemeinde und die Nähe zur gottesdienstlichen Praxis mit ihren liturgischen Erfordernissen und Vorgaben wenigstens im Umriß erhalten. Weniger einfach ist die Situation im Bereich der bildenden Kunst, bei den Kirchenfenstern, Andachtsbildern, kirchlichen Gebrauchsgegenständen; das Spektrum der Probleme reicht vom faktischen Verschwinden des Bildes aus vielen Kirchen (auch im katholischen und lutherischen Bereich!) bis zu der Schwierigkeit, Erwartungen der Gemeinden an Bilder mit den Autonomievorstellungen der Künstler zu harmonisieren. Am schwierigsten ist das Verhältnis von Kirche und Literatur; die Vielzahl der Probleme sei nur mit Stichworten angedeutet: neue Bibelübersetzungen, die in den Kirchen nicht rezipiert werden; das Verschwinden der Belletristik aus der Sichtweite der Gemeinden; mangelnde Publikationsmöglichkeiten für junge Autoren im kirchennahen Bereich; Fremdheit und Distanz der Arrivierten gegenüber kirchlichem Amt und kirchlichen Ausdrucksformen – die Reihe ließe sich fortsetzen.

Doch auch positive Entwicklungen sind zu registrieren. So haben sich die Berührungsängste zwischen Kirchen und Künstlern im gleichen Maß verringert, in dem beide Seiten auf den Versuch der Vereinnahmung verzichteten. Insofern unterliegt das Gespräch zwischen Religion und Kultur heute nicht mehr den alten Fixierungen. Religion kann wieder ins Blickfeld der Kunst kommen, ohne daß die Art, *wie* sie ins Blickfeld rückt, festgelegt ist. Zwei bis vor kurzem gültige Sätze gelten nicht mehr: Erstens, daß religiöse Kunst (im weitesten Sinn des Wortes) ausschließlich in den Binnenraum der Kirche gehört; zweitens, daß Religion kein Thema der Künste sei. Auch wächst das Bewußtsein, daß die aktuelle Religions- und Kirchenkrise keineswegs nur Kirche und Religion angeht, daß sie vielmehr ein Teil der Kulturkrise der westlichen Welt ist.

Es fehlt in der gegenwärtigen Kunst- und Literaturszene nicht an „Zeichen des Glaubens", „Spuren des Transzendenten",[10] „spirituellen Horizonten". „Mit der ‚Neuen Sensibilität' ist allenthalben das Interesse an Religion gewachsen. Besonders mit Motiven der Aufarbeitung von Lebensgeschichten und der neuen Vergewisserung von Heimat wachsen vorsichtige Annäherungen an das religiöse Erbe" (Hans-Rüdiger Schwab). Neue Spiritualität und neue Symbolik bilden

---

10 So die beiden mit Recht beachteten Ausstellungen Wieland Schmieds in Berlin: Zeichen des Glaubens – Geist der Avantgarde. Religiöse Tendenzen in der Kunst des 20. Jahrhunderts, Paris 1980 und: GegenwartEwigkeit. Spuren des Transzendenten in der Kunst unserer Zeit, Stuttgart 1990.

einen weiten „Hof" um das Zentrum des Glaubens. Hierher gehört die Sehnsucht nach neuen Tugenden wie Demut, Ehrfurcht und Aufrichtigkeit, nach einer „postmateriellen" Ethik, hierher gehören aber auch die vor allem im modernen Film (ich nenne nur Andrej Tarkowskij) sich ausbreitenden Überstiege, Verweise, Symbolisierungen. Der Himmel und die Engel sind erst durch den heutigen Film wieder zu „greifbaren" Erfahrungen für einen breiten Zuschauerkreis geworden. Hier kommt die Kunst ganz spielerisch dem Katechismus nahe. Aber auch Märchen, Sagen, Mythen steigen heute wieder zu literarischen Ehren empor, vom Kinderbuch bis zum Musikdrama. So spiegelt sich die Sinnsuche in der literarisch wie filmisch aufgegriffenen Artus-Sage (Tankred Dorst, Eric Rohmer, Robert Bresson), in Jürgen Syberbergs Parsifal-Adaption, in Gertrud Leuteneggers Auseinandersetzung mit dem Gilgamesch-Epos („Lebewohl, gute Reise").

Die stärksten Berührungen mit dem christlichen Glauben liegen wohl in der Darstellung menschlicher Grenzsituationen in heutigen Texten, Filmen und Theaterstücken. Hier herrscht auch – von den existentialistischen Textmustern der vierziger und fünfziger Jahre bis zur Gegenwart – die dichteste literarische Kontinuität. Die christlich identifizierbaren Abgründe von Bosheit, Schuld, Leid, Angst, Verzweiflung, Gottverlassenheit in der modernen Literatur können zweifellos auch dem säkularisierten Menschen verschüttete Zugänge zu alten biblischen Erfahrungen öffnen, mag sich in den Texten auch vielfach ein fragmentarisches, ja ruinöses Christentum artikulieren. Jedenfalls sind Kunst und Dichtung im Raum der Kirche nicht mehr der Gefahr der Isolierung und Gettobildung, der Erstarrung und des Akademismus ausgesetzt. Gegenüber den Frontverläufen des 19. Jahrhunderts wirkt die heutige Lage zwar spannungs-, aber auch aussichts-reicher.

Das Zweite Vatikanische Konzil hat in seiner Pasto-ralkonstitution über die Kirche in der Welt von heute zwei wichtige Züge der modernen Kultur anerkannt: ihre Pluriformität und ihre Eigengesetzlichkeit. Von diesem Ausgangspunkt müßte ein Gespräch zwischen der Kirche und den Künstlern möglich sein. Zuneh-mend wird das Nebeneinander einer weltlosen Kirche und einer religionslosen Welt von beiden Seiten als unbefriedigend empfunden. Bis zur Inkulturation der Kirche in die „ungleichzeitigen" Kulturen und Künste der gegenwärtigen Welt ist freilich noch ein weiter Weg zurückzulegen.

II.

Welt ohne Christentum –
was wäre anders?

Der große historische Exorzismus, der sich
Christentum nennt, scheint von Tag zu Tag
weiter zurückzuweichen, und die Dämonen
sprengen mit schrillem Stimmengewirr die
Fesseln.

Franz Werfel

Damit bewahrheiten sich im Augenblick ihres
Umsturzes die Hauptthesen des Christentums. Ebenso wie es in dessen Sicht unmöglich war, einen Lebendigen zu erreichen, ohne
das „Leben" zu erreichen, einen Menschen zu
schlagen, ohne in ihm Christus und somit
Gott zu schlagen, ebenso ist es unmöglich,
Gott zu verneinen, ohne damit zugleich den
Menschen zu verneinen, auf Gott verächtlich
herabzusehen, ohne verächtlich auf den Menschen herabzusehen.

Michel Henry

Die unsicheren Zeiten sind die sichersten,
man erfährt, woran man ist mit der Welt.

Josef Pieper

Wäre es möglich, daß das Christentum in absehbarer
Zeit einfach verschwände? Daß es zumindest so
schwach würde, daß man es als soziale Größe vernach-
lässigen könnte? Also keine Volkskirche mehr, keine
Taufe, keine Sakramente, kein Religionsunterricht in
öffentlichen Schulen, kaum Kirchen, nur noch wenige
Gottesdienste, fast im geheimen gehalten? Kann man
sich vorstellen, daß Dome und Kirchen eines Tages ab-
gebrochen würden – so wie es Cluny, früher einmal der
größten Kirche im Abendland, nach der Französischen

Revolution widerfuhr, als das Bauwerk öffentlich zum Verkauf als Steinbruch ausgeschrieben und bis auf einen Rest vernichtet wurde? Oder daß Kirchen und Kapellen nur noch als Denkmäler weiterbestünden, als Monumente vergangener Zeiten, als Erinnerung an etwas, das einmal war, aber nun nicht mehr ist: Messen und Gebete, Versammlungen von Gläubigen, tätige Nächstenliebe, öffentliche Wirksamkeit?

Nun, von einem derartigen Zustand sind wir heute noch weit entfernt. Aber denkbar ist der Fall schon; so etwas hat es in den zweitausend Jahren Christentumsgeschichte immer wieder gegeben. Die Kirchengeschichte ist voll von Aufbrüchen und Gründungen. Sie ist aber auch voll von zerstörten Kirchen, verschwundenen Gemeinden; vieles erinnert uns an unwiderruflich untergegangenes, einstmals blühendes Kirchenland. Von vielen Orten und Regionen wurde „der Leuchter weggerückt". Wir haben es auch im 20. Jahrhundert erlebt: in Rußland nach 1917, im Nationalsozialismus in „Musterregionen" wie dem Warthegau, in den kommunistischen Ländern nach 1945, im China der Kulturrevolution. Wer heute durch die Länder des einstigen Ostblocks fährt, kann an vielen Orten die mühsame Wiederherstellung von Kirchen aus Parteihäusern, Museen des Atheismus, Schwimmbädern, Sternwarten erleben. Umgewidmet ist eine Kirche rasch; daß sie der ursprünglichen Bestimmung zurückgegeben wird, setzt Anstrengungen voraus, verlangt den Einsatz von Gläubigen. Wie aber, wenn gar keine Gläubigen mehr existieren, wenn von einer religiösen Kultur nur noch Trümmer übriggeblieben sind?

Das ist ein Schreckbild, gewiß. Aber es kann doch heilsam aufwecken aus dem Schlaf der Sicherheit. Was Christen besitzen aus einer langen Überlieferung, aus einer vitalen Verbindung von Kirche und Gesellschaft, Glaube und Bildung, Religion und Künsten, das muß nicht für alle Zeiten weiterbestehen. Es kann verfallen, kann untergehen. Zivilisationen sind sterblich – Kirchen auch. Nichts läßt sich auf die Dauer schützen und konservieren, wenn Geist und Leben schwächer werden und absterben. Lebendig bleibt nur, was bei Menschen Wurzeln geschlagen hat. Sonst wird auch das schönste Äußere einer Kirche zur toten Fassade. „Fehlt der Geist, ist das Dogma nur noch ein Mythos und die Kirche nur noch eine Partei."[1]

Stirbt die Kirche in den Seelen?

Mit der Zukunft der Kirche können wir also nicht einfach rechnen wie mit einer Selbstverständlichkeit. Es kann auch das Gegenteil dessen eintreten, was wir erhoffen: statt Wachstum Rückgang, statt des Erwachens der Kirche das Sterben der Kirche in den Seelen. Deshalb muß man das aktuelle Bild des Christentums in den westlichen Ländern genau ansehen und illusionslos prüfen.[2] Unverkennbar ist – verglichen mit den ersten Jahrzehnten nach dem Zweiten Weltkrieg – ein deutlicher _Vitalitätsverlust,_ eine Krise vor allem in der Aneignung von Glauben, religiösem Wissen, kirchlichen Gebräuchen und Gewohnheiten.

---

1 Henri de Lubac, Glaubensparadoxe, Einsiedeln 1972, S. 12.
2 Vgl. Thomas Luckmann, Lebenswelt und Gesellschaft. Grundstrukturen und gesellschaftliche Wandlungen, Paderborn/München 1980; ders., Die unsichtbare Religion, Frankfurt am Main 1991; Hermann Lübbe, Religion nach der Aufklärung, [3]1992; Peter L. Berger, Sehnsucht nach Sinn. Glauben in einer Zeit der Leichtgläubigkeit, Frankfurt am Main [2]1995; ders., Auf den Spuren der Engel. Die moderne Gesellschaft und die Wiederentdeckung der Transzendenz, Freiburg [3]1996; ders., Erlösendes Lachen. Das Komische in der menschlichen Erfahrung, Berlin 1998.

Der Wandel ist oft geschildert worden: Während in früheren Zeiten Glaube und Gesellschaft einander wechselseitig stützten und fundierten, hat sich ihr Verhältnis in der Nachkriegszeit immer mehr zum neutralen Gegenüber, teilweise sogar zur Gegensätzlichkeit hin entwickelt. Die alten Prädispositionen zu Kirche und Religiosität, erwachsend aus Familie, Umwelt, dem sozialen und seelischen Klima der Gesellschaft, bestehen nicht mehr. Zumindest haben sie an Intensität verloren. Immer weniger Menschen werden heute in Religion und Glauben einfach hineingeboren, wie es früher üblich war. Damit aber wird das persönliche Moment der Zuwendung zur Kirche gegenüber den äußeren Milieuprägungen in einem solchen Maß bestimmend, daß es notwendigerweise zu Quantitätsverlusten kommen muß. Die Kirche sieht sich, nach dem Schwinden äußerer Traditions- und Kontinuitätselemente, unversehens in einem Zustand, den man als Mission bezeichnen kann – als Ausgesetztsein in der Welt, ganz im Sinn ihrer apostolischen Anfänge. Auf diesen abrupten Wandel ist, so scheint mir, weder die Seelsorge noch die Familie, noch der einzelne Christ ausreichend vorbereitet.

Verändert haben sich nicht sosehr die formalen Schemata der Kirchenzugehörigkeit – verändert haben sich Zahl, Entschiedenheit, Engagement und öffentliche Präsenz der Gläubigen. Die Gottesdienstgemeinden in Deutschland (wie auch in anderen europäischen Ländern) sind durch erhebliche Überalterung gekennzeichnet. Lediglich rund 25 % der Jugendlichen erleben den Glauben als vitale Kraft (und das ist schon eine optimistische Schätzung!). Auch aus der Familie verschwinden religiöse Traditionen wie das tägliche Tischgebet und das Kreuzzeichen. Immer weniger Eltern wirken positiv und aus eigener Überzeugung an der religiösen

Erziehung ihrer Kinder mit. Nur 15 % aller befragten Bundesbürger sehen heute in der religiösen Erziehung der Kinder ein vorrangiges Erziehungsziel. So wundert es nicht, daß rund 40 % der heute unter 30jährigen angeben, in einem faktisch areligiösen Elternhaus aufgewachsen zu sein. Immer mehr junge Menschen wachsen ohne Berührung mit Werten des Glaubens, religiösen Traditionen und einem auch nur bescheidenen religiösen Grundwissen heran. Nach einer Umfrage des Instituts für Demoskopie Allensbach von 1996 bezeichnen sich 8 % der Deutschen von 16 Jahren an als überzeugte Atheisten (in den neuen Bundesländern 20 %). 33 % bezeichnen sich als „nicht religiös" (50 % in den neuen Bundesländern).[3]

Die Tradierungskrise des Glaubens drückt sich besonders scharf im Verhältnis von Eltern und Kindern aus. Hier ist in Deutschland im Ländervergleich die Übereinstimmung der Jugendlichen mit den Eltern am geringsten. Konsens in der Einstellung zur Religion äußerten 39 % der Jugendlichen der Bundesrepublik gegenüber 69 % der Jugendlichen in den USA, bei der Einstellung zur Sexualität sinkt diese Zahl auf 14 % bei den Jugendlichen in der Bundesrepublik gegenüber 43 % bei den Jugendlichen in den USA, in der Einstellung zur Moral insgesamt stimmten 77 % der Jugendlichen in den USA mit den Eltern überein gegenüber 38 % der Jugendlichen in der Bundesrepublik. In der Bundesrepublik Deutschland streben die Generationen wesentlich stärker auseinander als in anderen Ländern. Sie treffen sich nicht mehr in zentralen Wertvorstellungen.

Damit stimmt die Beobachtung überein, daß in vielen Familien Konflikte, auch religiöse, nicht mehr aus-

---

3 FAZ vom 10. Mai 1996.

getragen werden. Jugendliche, die sich mit ihren Eltern nicht mehr verstehen, neigen dazu, einfach auszuziehen und sich von den Eltern zu trennen. Ähnliche Prozesse lassen sich auch bei Eheleuten feststellen, die nicht um ihre Ehe kämpfen, sondern bei Konflikten rasch bereit sind, sich vom Ehepartner scheiden zu lassen. Vor diesem Hintergrund wird verständlich, daß religiöse Werte nicht mehr wie früher selbstverständlich weitergegeben werden. Viele Menschen haben kein Verhältnis mehr zu ihnen. Der christliche Glaube ist für sie kein existentielles Problem mehr.

Das Bild wäre freilich nicht vollständig, würde man nicht auch die Gegenbewegungen verzeichnen. Es gibt in westlichen Gesellschaften nicht nur die Abwendung von der Kirche, das Erlöschen religiöser Überlieferungen, es gibt auch breite Strömungen von Sinnsuche, Glaubenssuche, es gibt das Verlangen nach einer neuen, „weichen", die alten Formen überholenden Religion. Man will religiös sein ohne Kirche, man strebt nach einer anderen, „sanfteren" Religion, die nicht auf Weltbemächtigung aus ist, sondern auf fromme Verehrung des Universums. Das religiöse Spektrum zeigt hier eine erstaunliche Vielfalt, freilich auch Züge der Beliebigkeit. Dem „glimmenden Docht" des christlichen Glaubens hilft das Wehen dieser neuen Religiosität kaum auf. Oft wird Religion zur Kuschelecke, zum grünen Gemütswinkel, zu einem Abenteuerspielplatz des Geistes. Ein universeller Synkretismus vereinigt alle Gegensätze: Astrologie, Kosmologie, Reinkarnation, magische und okkulte Praktiken stehen nebeneinander. So wenigstens im Abendland, während anderswo, vor allem in manchen Strömungen des Islam, die militanten Züge des Religiösen neue überraschende Kraft gewinnen: in heiligen Kriegen und leidenschaftlichen Fundamentalismen; in einem Himmel und Erde kurzschließenden „Gott will es!", das wenig Unterscheidungen gelten läßt und sich schwertut mit Geduld und Toleranz.

Die religiöse Signatur der Zeit ist schwer zu deuten. Verschiedene Strömungen liegen miteinander im Widerstreit. Dementsprechend kontrovers sind die Reaktionen. Optimisten sehen im Wehen der neuen Religiosität so etwas wie ein Zittern der Luft – einen Ausdruck neuer Glaubenssehnsucht, neuer Glaubensbereitschaft.[4] Pessimisten pflegen daran zu erinnern, daß es sich bei dieser Religiosität meist um ein Konglomerat widersprüchlicher Elemente handelt, daß eine religiöse Schwalbe noch keinen christlichen Sommer mache – ja, daß Gefahr im Verzug sei, wenn das Religiöse so undifferenziert – oder wie man heute zu sagen pflegt: so fundamentalistisch – Einlaß begehre in eine säkulare Gesellschaft.

Was kommt, was geht?

Aber rechnen wir ruhig einmal mit dem „größten möglichen Unfall": mit dem gänzlichen (oder fast gänzlichen) Verschwinden des Christentums in der westlichen, weißen, reichen Welt. Ein solcher Prozeß würde sich nicht auf einen Schlag, von heute auf morgen, vollziehen. Er wäre auch nicht ohne weiteres gleichbedeutend mit dem Verschwinden von Religion

---

4 In der Tat gibt es Anzeichen für eine neue Unbefangenheit im Umgang mit dem Religiösen: man denke an den zeitgenössischen Film mit seinen Himmeln und Engeln, an Romane, Epen, Dramen mit kosmologischem und religiösem Gehalt. Längst ist in der zeitgenössischen Literatur und Kunst Religion als eigene Größe wieder ästhetisch gegenwärtig – während sie lange nur als Derivat sozialer Prozesse in Erscheinung trat.

überhaupt. Das Christentum könnte auch durch andere Religionen abgelöst werden – Religionen mit härterem Profil und stärkerem öffentlichem Anspruch. Es könnte zum bloßen gesellschaftlichen Reflex, zur historischen Erinnerung werden – von seiner Geschichte bliebe nur ein kultureller Nachgeschmack.

Was wäre dann anders? Wir haben im ersten Teil dieses Buches versucht, einige Tendenzen und Entwicklungslinien sichtbar zu machen. Teilweise sind sie in der Religions- und Christentumskritik des 18. und 19. Jahrhunderts und ihren Zukunftsentwürfen schon vorweggenommen worden – nicht zu reden von den modernen Gewaltregimen des 20. Jahrhunderts, diesen Laboratorien eines neuen, anderen, nicht mehr in christlichen Überlieferungen beheimateten Menschen.

1. Erinnern wir uns: In seinem _Menschenbild_ hatte das Christentum sich abgekehrt vom Modell griechischer „Wohlgeratenheit" – es hatte die Scharen der Armen, Kranken, Behinderten, Niedrigen in seine Predigt einbezogen. Es hatte den Menschen unter vielerlei Winkeln der Fragwürdigkeit gesehen: als Leidgeplagten, Irregeleiteten, Besessenen, seiner selbst nicht Mächtigen. Es hatte sich an alle Menschen ohne Unterschied gewandt. Alle sollten vom göttlichen Wort erreicht werden. Niemand sollte ausgeschlossen sein vom Heil. Traditionelle Unterschiede und Hierarchien – zwischen Hebräern, Griechen, Barbaren, Freien, Knechten, Gebildeten und Ungebildeten, Männern und Frauen – galten nicht mehr als selbstverständlich, begannen sich aufzulösen. Das Christentum hob nach innen soziale Schranken auf und entwickelte in seinen Gemeinden eine Praxis des Miteinander – und es entfaltete nach draußen den Gedanken der Völker-Ein-

heit, die Idee der „Menschheit". Die Sorge für andere, besonders für die Armen, Abhängigen, Bedürftigen, sollte an die Stelle der Sorge für das eigene Ich, die Perfektion des „höheren Menschen" treten. Der Haß gegen den Anderen, Fremden sollte abgelöst werden durch Brüderlichkeit – ja durch Feindesliebe. Das alles war keineswegs selbstverständlich, ganz im Gegenteil; es ging gegen das Gewohnte und Eingelebte; es setzte eine *Metanoia*, eine Abkehr vom Üblichen und Hergebrachten voraus. Umwertung aller Werte – das ist in der Tat die Wirkung der langsam voranschreitenden, immer wieder von Rückschlägen unterbrochenen christlichen Revolution. Nietzsche mit seinem haßerfüllten Aufschrei bezeugt es: „Alle Wertschätzungen *auf den Kopf stellen – das* mußten sie!"[5]

Auf der christlichen Umwertung der Werte ruht nicht nur das mittelalterliche und moderne Kranken-, Armen- und Erziehungswesen (die Antike kennt keine institutionellen Einrichtungen vergleichbarer Art!). Auf ihr ruht auch der moderne Rechts- und Sozialstaat, der den Menschen in seiner Individualität und Sozialität schützt, seine Entfaltung sichert und ihn im Alter, in Krankheit und Not nicht im Stich läßt. Gewiß, diese Überlieferung scheint auch heute noch zu tragen: Menschenrecht und Menschenwürde, das Leben in Freiheit und Gerechtigkeit, die solidarischen Sicherungen für alle – dieser Anstoß des Christentums ist in viele Sachstrukturen von Politik, Gesellschaft, Wirtschaft eingegangen. Und doch: wissen wir, ob die Kultur des Sozialstaats den Untergang der Nächstenliebe überleben würde? Müßte nicht die Solidarität mit dem Nächsten verschwinden, wenn dieser nur noch der Fremde, der Andere wäre, der Konkurrent, ja

---

5   Siehe Kap. 1, Anm. 29.

Feind?[6] Kann es soziale Verantwortung überhaupt noch geben, wenn das Leben selbst in Frage gestellt wird?[7] Gibt es noch Menschenrechte, wenn die Menschheit und ihr Schöpfer in einem „Kampf der Zivilisationen", einem Nebeneinander und Gegeneinander „unmischbarer" Ethnien gänzlich aus dem Blick geraten?

2. Ähnlich steht es mit der *Zeit,* mit Zeitgefühl und Zeiterfahrung. Es hat sich dem westlichen Menschen tief eingeprägt, daß die Zeit eine Frist ist, begrenzt und kostbar, und daß sie unaufhaltsam voranschreitet, dem Ende zu. Aus dem Gefühl für den unschätzbaren Wert der Zeit, ihre Unwiederbringlichkeit und Unwiederholbarkeit erwuchs eine strenge Kultur der Lebensgestaltung, eine Ordnung des Zählens, Messens, Einteilens, die vom Stundengebet der Mönche bis zum Kalender der Kaufleute, vom altchristlichen „Ora et labora" bis

---

6 So trägt die Beschwörung des Anderen = Nächsten im christlichen Sinn bei Philosophen wie Emmanuel Levinas oder Charles Taylor manchmal schon Züge einer verzweifelten (und ohnmächtigen!) Verwahrung – während der „Andere" im neuen Sinn – als Gegner, Konkurrent oder als Gleichgültiger, der mich nichts angeht – längst keiner philosophischen Präsentation und Reflexion mehr bedarf, da er allgegenwärtig ist!

7 Es gehört zu den bedrückendsten Erfahrungen unserer Zeit, daß das Leben der ungeborenen Kinder, aber auch der Alten, unheilbar Kranken, Behinderten immer grundsätzlicher in Frage gestellt wird – nicht nur in der öffentlichen Meinung, sondern auch in der Gesetzgebung. Leichtfertig werden dabei mit den christlichen Überlieferungen auch die Errungenschaften der Aufklärung preisgegeben. So würde die älteste Schutzbestimmung für die ungeborenen Kinder in der westlichen Verfassungstradition (Preußisches Allgemeines Landrecht von 1794, I, 1, 10) heute wohl in keinem westlichen Parlament mehr eine Mehrheit finden: „Die allgemeinen Rechte der Menschheit gebühren auch den noch ungeborenen Kindern schon von der Zeit ihrer Empfängnis."

zum modernen Countdown, vom Computus der Computisten, die den Ostertermin berechneten, bis zum modernen Computer reicht.[8] Das Christentum hat deutliche Spuren in unserem Zeitbewußtsein hinterlassen. Ganz selbstverständlich zählen wir unsere Jahre nach einem Ereignis, das nicht am Anfang, sondern in der Mitte der Geschichte liegt: der Geburt Christi. Auch die modernen Instrumente der Zeitmessung sind in einer christlichen Zivilisation entstanden. Und der Gedanke des Fortschritts hängt in vielfältigen Verbindungen mit der Geschichte des Christentums zusammen – sosehr er sich in modernen Zeiten verselbständigt und von seiner Herkunft gelöst haben mag.

Droht heute der allzu straff gespannte Bogen des christlichen Zeitbewußtseins zu zerbrechen oder zu erschlaffen? Sicher ist, daß die allgemeine Steigerung des Lebenstempos nicht nur Freude und Begeisterung ausgelöst hat – sie hat auch Erschöpfung hinterlassen. Ein Bedürfnis nach Ruhe verbreitet sich. Intensiv wird nach Orientierungen, Maßstäben, Sicherheiten gefragt und gesucht. Die Langsamkeit wird neu entdeckt. Auf diese berechtigte Sehnsucht nach einer minder hektischen, minder kampf- und konkurrenzerfüllten Welt könnte das Christentum aus seinem Altes und Neues bergenden Gedankenvorrat durchaus eine Antwort geben. Denn zur christlichen Zeiterfahrung gehören nicht nur die Haltung der Wachsamkeit, der pünktliche Umgang mit Jahr und Stunde – zu ihr gehört auch der Hinweis auf die Vögel des Himmels und die Lilien des Feldes, die nicht säen und ernten, spinnen und weben und die doch vom himmlischen Vater erhalten und genährt werden. „Wieviel mehr seid ihr als die Vögel!"[9]

---

8 Arno Borst, Computus (wie Kap. 3, Anm. 39).
9 Lk 12, 24.

Freilich, auch hier geht der post-christliche Rückschlag über den schonenden Ausgleich, die Korrektur von Übertreibungen und Verzerrungen weit hinaus. Er stellt die Linearität der Zeit in Frage. Gegenmodelle zur christlichen „gerichteten" Zeit gewinnen an Boden: Wiederkehr, Wiedergeburt, Wiederherstellung. Die stetig wiederkehrende Natur-Zeit gilt vielen als mögliche (ja notwendige) Alternative zum christlichen Fortschreiten auf das Ende hin. Der vom übersteigerten Lebenstempo verwundete westliche Mensch (und besonders der europäische Mensch) möchte den christlichen Zeitpfeil aus seiner Wunde ziehen: statt sich dem unerbittlichen Zeitlauf zu unterwerfen, möchte er sich eher hingeben an die Gezeiten der Natur. Man braucht kein Prophet zu sein: Verlöre das Christentum seinen Einfluß, träten östliche Religionen in die entstehende Lücke – dann entfielen in Kürze auch die Antriebe und Formkräfte der westlichen Forschungs- und Wissenschaftskultur; nicht zu reden von den an Zeiten, Fristen, Verantwortlichkeiten gebundenen politischen Strukturen der modernen Demokratie. An die Stelle des freien Erkundens und Wissenwollens, des rationalen Zugriffs auf die Welt würden andere Haltungen treten: östliche Weisheit und Versenkung, regungslose Stille und Sammlung, Vertiefung und Meditation. Und sehr rasch würden wir in einer ganz anderen Welt leben als der heutigen.

3. Und wiederum hängen Menschenbild und Zeit im Christentum eng mit den Ordnungen der *Arbeit* und der Freizeit zusammen. Der Mensch soll Müßiggang vermeiden, er soll sich nicht auf die faule Haut legen, er soll arbeiten – diese Lektion hat das mittelalterliche und moderne Europa von den Mönchen gelernt. Doch der Mensch soll nicht arbeiten wie ein wildgewordener

„workaholic", atemlos, verbissen, ohne Pause. Arbeit ist kein Selbstzweck. Denn zur Kultur der Lebensführung gehört auch anderes: das Hören auf Gottes Wort, Gebet, Gesang, Spiel und Kunst, einzeln und in Gemeinschaft – und endlich das Fest als Vor-Schein des ewigen Festes. „Bete und arbeite" (oder authentischer: „Höre und arbeite"), Muße und Arbeit, Freizeit und Arbeit – immer ist es eine Zweiheit, eine doppelpolige Ordnung des Lebens, die das Christentum im Blick hat und grundlegt. So teilt sich die „Ruhe am siebten Tag" als altes, schon vorchristliches Erbe der Menschheit auch dem einzelnen Tag, ja jeder einzelnen Stunde mit: am deutlichsten im Stundengebet. Und später bilden die kirchlichen Feste bis in die Moderne hinein den „Vorrat" einer arbeitsfreien, der Verfügung von Staat und Wirtschaft entzogenen „Sozialzeit".[10]

Denken wir uns wiederum das Christentum weg – dann würden die Balancen von Arbeit und Freizeit, von genutzter und zweckfreier Zeit wohl rascher dahinschwinden, als man sich das heute vorstellen kann. Mit der überlieferten „Festzeit" – verkörpert vor allem im Sonntag – geriete auch die „Sozialzeit" unter Druck. Gewerkschaften und Arbeitnehmer wären allein für sich zu schwach, sie zu verteidigen, falls der modernen Arbeits- und Globalisierungsdynamik das überlieferte Widerlager der Festzeit fehlte.[11] Der Sonntag, wenn er überhaupt noch erhalten bliebe, wäre nicht mehr als ein Weekend. Die Freizeit würde – wie schon jetzt erkennbar – voll von den steuernden und normierenden

---

10 Verschämt huldigt noch die Weimarer Reichsverfassung dieser Tradition, wenn sie in Art. 139 den Sonntag und die anerkannten Feiertage als „Tage der Arbeitsruhe und der seelischen Erhebung" gesetzlich schützt.

11 Die augenblickliche EU-weite Diskussion über Sonntagsarbeit und Sonntagsschutz zeigt das überdeutlich!

Tendenzen weltweit operierender Freizeitindustrien erfaßt werden. Verkehrte Welt: Während für die Arbeit immer häufiger und dringlicher verlangt wird, daß sie mit Lustgewinn einhergehen müsse – eine säkularisierte Heilsvorstellung, die nichts weiß von der Vertreibung aus dem Paradies! –, werden heute gerade in der Freizeit gewaltige Arbeitsleistungen erbracht, die kein Arbeitsvertrag im regulären Alltag mehr ernstlich zu fordern wagte. Geschwindigkeitsrekorde, körperliche Höchstleistungen, ruhelose Tätigkeit, angespannte „Erholung" – auch diese Verzerrung der alten Beziehung von Arbeit und Freizeit läßt schon Züge einer anderen, nachchristlichen Welt erkennen.

4. Am deutlichsten ist der Umschlag der christlichen Antriebsrichtung zu spüren im Bereich der _Natur._ Hatte das Christentum die Natur aus ihrem Eigenstand gelöst und sie als Geschöpf in die Hände des Menschen gelegt zur Zähmung und Beherrschung, zur Pflege und Kultivierung, so gilt heute der „entzauberten", in Dienst genommenen, „gestellten" und „vergewaltigten" Natur das Mitleid und die Empörung einer wachsenden Zahl von Zeitgenossen. Kulturkritische Strömungen gewinnen immer mehr an Boden. Kultur als „Erhebung über die Natur" wird als Quelle der Gewalt, als Exempel des menschlichen Zerstörungstriebs gesehen.[12] Schon der Bauer übt Gewalt gegen die Erde; der Forstmann gegen den Wald; der Schiffer gegen die See; der Architekt gegen die unverbaute Natur – so lauten weitverbreitete Thesen. Auf dem Grund aller Beherrschung und Umwandlung der Natur, so sagt man, wuchert die Gewalt. So ist Kultur etwas tief Am-

---

12 Hans-Peter Thurn, Kulturbegründer und Weltzerstörer, Stuttgart 1990.

bivalentes: Sie „verbessert" zwar die Natur, nimmt ihr aber auch den Lebensraum; sie „meliorisiert" das Zusammenleben der Menschen, kann aber auch der Politik zerstörerische Züge aufprägen. Und in der Tat: kein Vertrauen in ein verheißenes Glück am Ende der Zeiten kann heute das Entsetzen über aktuelle Natur- und Umweltzerstörung mindern. Daß Fausts „heilsam schaffende Gewalt" am Ende alles in Ordnung bringen werde – darauf vertrauen nur noch wenige. Denn der Mensch ist nicht nur Heger und Pfleger, er kann auch der Zerstörer der Natur sein; er ist sozial und kulturell sowohl der Schöpfer wie auch der mögliche Totengräber seiner Umwelt.

So weit so gut – aber eignet sich das neuentdeckte Natur-Paradigma wirklich dazu, den Menschen über seine Taten erschrecken zu lassen, ihn zu Einkehr und Umkehr zu veranlassen? Ist denn „Natur" ein heiler – gar ein heiliger – Bezirk? Unterliegt sie nicht, ebenso wie der Mensch, den Widersprüchen und Spannungen der gefallenen, „in Wehen liegenden" Schöpfung? Reinhard Löw hat darauf hingewiesen, daß es „Natur an sich" nicht gibt. Kultur und Natur umschreiben keine in sich stimmigen Sachstrukturen – sie sind vielmehr Ausdruck menschlicher Perspektiven, Prioritäten, Handlungsoptionen. So enthält ein ökologisches Gleichgewicht *in sich* keinen Appell zu seiner Aufrechterhaltung. „Gleichgewichte stellen sich nach dem Umkippen eines Gewässers ebenso von selbst wieder ein, wenn auch auf anderem Niveau, wie in vergifteten Böden: Bestimmte Algen, Pilze, Bakterien lieben ein solches Milieu, gedeihen am besten in verdünnter schwefliger Säure ... Eine bestimmte Art von ökologischem Gleichgewicht als wünschenswert gegen eine andere Art auszuzeichnen ist Sache des *Menschen*, und damit verläßt der ganze Begründungszusammenhang für Naturschutz jedenfalls den Bereich der ‚Natur an sich'. Denn ob ein umgekipptes Gewässer schön ist, darüber denkt der Mensch anders als die Milliarden glücklicher Einzeller, die in ihm wimmeln ... Genausowenig ist die numerische Zahl der Arten ein Argument: Denn wie soll man Algen, Pilze, Bakterien gegen Forellen, Schleien, Karpfen und Hechte aufrechnen dürfen? Auch hier trifft der *Mensch* Entscheidungen und nicht die Natur an sich."[13]

Mit Staunen stellt man fest, daß sich „Natur" in den letzten Jahrzehnten bei vielen in eine normative Instanz zurückverwandelt hat – die Augustinus-Frage nach der Göttin Erde[14] erhält damit neue Aktualität. So wird heute die Natur – Pflanzen und Tiere – „um ihrer selbst willen" in Verfassungen und Gesetzen geschützt. Manche wollen der Natur den Status eines Rechtssubjekts verleihen. Bei Autoren wie Hans-Peter Thurn und Klaus Michael Meyer-Abich erscheint Natur als ein in sich geschlossenes Gegenüber zur Menschenwelt. Ihr wird Reverenz erwiesen – mit allen Zeichen der Verehrung und des Enthusiasmus. Natur erscheint als anthropomorphe Größe, als Handlungspartner des Menschen, man kann mit ihr „Frieden schließen" – sie war also in der Lage, zu handeln und zu verhandeln.[15] Mythologisches Sprechen über Natur – früher allenfalls mit poetischer Lizenz gestattet – hat heute Eingang gefunden in die Umgangssprache, in die Publizistik, in Teile der Wissenschaft. Ein „physiozentrisches Weltbild" wird beschworen, als Alternati-

---

13 Reinhard Löw, Das philosophische Problem der ‚Natur an sich' (wie Kap. 4, Anm. 27), 66.

14 Siehe oben S. 91 und unten S. 159.

15 Klaus Michael Meyer-Abich, Wege zum Frieden mit der Natur, München/Wien 1984; ders., Aufstand für die Natur, München/Wien 1990.

ve zur neuzeitlichen Anthropozentrik.[16] Spinozas, Goethes, Nietzsches „Große Natur" kehren wieder. Der gängigen Infragestellung der Kultur antwortet eine Re-Tabuisierung, ja Re-Mythologisierung der Natur – auch dies ein Zeichen, daß der christliche Bann zu weichen beginnt, der „Große Pan" sich neuerlich erhebt.

5. Damit sind wir schon nahe an der Politik, am Staat. Auch hier hat das Christentum „entzaubernd" gewirkt: es hat die dem Altertum ganz selbstverständliche Einheit von Staatlichem und Göttlichem, Kult und Politik – und mit ihr die „Theologisierung" existierender Staats- und Gesellschaftsformen – aufgelöst. Durch seinen welttranszendenten Gottesbegriff durchbrach es den Bann theologisch-politischer Immanenz. Neben die civitas, welche die Kirche ihrer Religion war,[17] trat die christliche Gemeinde als Volk der Erlösten – sie verweigerte dem Kaiser den Götterkult und stellte im Namen Gottes die Eigenmacht irdischer Herrscher „zur Schau".

Die Geschichte des Christentums ist daher die Geschichte einer fortwährenden Destruktion „politischer Theologien".[18] Die Lehre von der göttlichen Monarchie scheiterte am trinitarischen Dogma. Die Interpretation der Pax Augusta im Sinne eines ewigen Friedens fand ihre Grenze an der christlichen Eschatologie.[19] Der christliche Kaiser des Mittelalters verlor im Inve-

---

16 Meyer-Abich, Aufstand für die Natur (wie Anm. 15), 90.
17 Hierzu Joseph Ratzinger, Volk und Haus Gottes in Augustins Lehre von der Kirche, München 1954, 265 ff.
18 Grundlegend Erik Peterson, Der Monotheismus als politisches Problem, in: Peterson, Theologische Traktate (wie Kap. 1, Anm. 3); Neuausgabe Würzburg 1994, 23–81.
19 Peterson (wie Anm. 18), 104.

stiturstreit seine numinose Qualität. In der Neuzeit wurden nacheinander die monarchische Geschichtstheologie Bossuets und ihr Gegenstück, die theologische Demokratielehre der Konstitutionalisten in der Französischen Revolution, entzaubert.[20] Darin wird deutlich, daß das Politische im christlichen Äon nicht mehr die letzte leitende und sinngebende Instanz sein kann, daß es nicht mehr, wie in der Antike, den Daseinssinn des Menschen rundum bestimmt und beherrscht, daß es vielmehr ein Nicht-Absolutes, Vor-Letztes ist. Für den Christen hat es Dienst- und Instrumentcharakter. Deshalb war John Locke ein guter Christ, als er gegenüber der überlieferten theokratischen Doktrin das _civil government_ betonte. Der Christ soll ja, nach Augustin, diese Welt, auch die politische, nicht „anbeten", sondern „pflügen" – das heißt erkennen und konstruktiv weiterbilden.

Ist der christliche Exorzismus am Staat in den neueren Jahrhunderten schwächer geworden? Kehrt die antike Theopolitie zurück? 1929 schrieb Hermann Heller angesichts der modernen Totalitarismen den prophetischen Satz: „Der Staat kann nur totalitär werden, wenn er wieder Staat und Kirche in einem wird, welche Rückkehr zur Antike aber nur möglich ist durch eine radikale Absage an das Christentum."[21] Eric Voegelin und Raymond Aron haben die Gewaltregime unserer Zeit – Kommunismus, Faschismus, Nationalsozialismus – als „politische Religionen" verstanden.[22] Das Bemühen um eine quasi-religiöse

---

20 Hans Maier, Revolution und Kirche (wie Kap. 5, Anm. 16).

21 Hermann Heller, Europa und der Fascismus, Berlin-Leipzig 1929, 56.

22 Erich (später Eric) Voegelin, Die politischen Religionen, Wien 1938, Stockholm ^{2}1939 (neu hg. von Peter J. Opitz, München 1993); Raymond Aron, L'ère des Tyrannies d'Elie Halévy, in: Re-

Dimension politischer Ordnung – in wie verzerrten Formen auch immer – verbindet die modernen Despotien mit den Modellen der antiken politisch-religiösen Einheitskultur. Sie sind aber zugleich auch die Fratze eines pervertierten Christentums, von dem nur äußere Ordnungen, Zwang und Disziplin, übriggeblieben sind. Mit ihren „reinen Lehren", ihren Inquisitionstribunalen und Ketzergerichten, ihren Dissidenten und Renegaten, Apostaten und Proselyten äffen sie problematische Entwicklungen der Christentumsgeschichte nach. „Was nachgeahmt wird, ist oft die Sünde des Christentums. Es gab in der Kirchengeschichte Momente, da die Freiheit des Menschen nicht mehr als der dogmatischen Definition transzendent begriffen wurde. Es gab Momente, da diese über die Grenze des Nötigen und Erlaubten hinaus vorgetrieben wurde: ein Vorgang der Teilideologisierung des Christentums, der dieselbe Unfähigkeit verrät, jene Beschneidung des Geistes zu ertragen, welche die Offenbarung auferlegt."[23]

In verworrenen Zeiten wimmelt es von Heilbringern und Erlösern. Romano Guardini hat darauf in seiner Schrift „Der Heilbringer" aufmerksam gemacht.[24] Sein Buch beginnt mit einer eindrucksvollen Schilderung dessen, was die Griechen den „Schrecken des Pan" nannten – solcher Schrecken ist in archaischen religiösen Zusammenhängen allgegenwärtig, er konstituiert

---

vue de Métaphysique et de Morale; vgl. David Bosshart, Politische Intellektualität und totalitäre Erfahrung. Hauptströmungen der französischen Totalitarismuskritik, Berlin 1992, 103 ff., 118 ff.

23 Marie-Joseph Le Guillou, Das Mysterium des Vaters. Apostolischer Glaube und moderne Gnosis, Einsiedeln 1974, 180 f.

24 Romano Guardini, Der Heilbringer in Mythos, Offenbarung und Politik, Stuttgart 1946.

das Götter und Menschen verbindende Heil. Er wird gebrochen durch das Christentum. Doch er kann wiederkehren, wenn das „durch Christus überwundene und zugleich erfüllte mythische Grundmotiv des Heilbringers ... ins Heidnisch-Unerlöste zurückfällt ... Die Gewalthaber der jüngst vergangenen Zeit haben, um ihre Macht endgültig religiös zu begründen, jenen im Grundgefüge der Seele angelegten, aber ortlos und gegenstandslos gewordenen ‚Bedeutungskern‘ geweckt und ihm eine Form gegeben, die nur den Sinn haben konnte, Christus ... auszulöschen und an seine Stelle wieder einen innerweltlichen Heilbringer zu setzen"[25].

Man wird sagen, der Rückfall in mythische Vorstellungen einer „politischen Religion" drohe in der ernüchterten Welt von heute kaum mehr – die Schreckenserfahrung totalitärer Herrschaft habe solche Möglichkeiten mit einem Schlag vertrieben. Doch die Schrecken sind noch nahe genug – der „re-divinisierte" Staat bleibt auch für die Zukunft eine reale Gefahr. Wo die christliche Scheidung der Gewalten in Frage gestellt wird, da wird der Staat zum Alleinherrscher ohne Appellationsinstanz – eine selbstbezogene Macht, gegen die sich der einzelne nur unter Aufbietung aller Kräfte des Willens und des Intellekts zur Wehr setzen kann. Auch das gehört zum Bild einer „Welt ohne Christentum", daß in ihr mit dem omnipotenten Staat auch der „terror antiquus", der panische Angstschrei wiederkehrt.

6. Abschließend ein Blick auf die Künste. Auch sie würden in einer „Welt ohne Christentum" nicht einfach verschwinden. Aber sie wären in einem Universum reiner Zwecke noch isolierter als bisher – verlö-

---

25 Guardini, Der Heilbringer (wie Anm. 24), 27 f.

ren sie doch mit den Kirchen nicht nur einen Auftraggeber, sondern auch ein sammelndes und organisierendes Zentrum ihrer Entfaltung und Vereinigung.

Die Künste im Abendland haben sich entwickelt in einer Wechselwirkung: zwischen der sich ausbildenden Ordnung des Gottesdienstes (Liturgik) einerseits und den in ihr enthaltenen oder neu in sie einströmenden Künsten (Sprache, Gesang, Bau, Bilder, Skulpturen) anderseits. Die Künste fanden Halt und Orientierung am Regelwerk der Liturgik; sie übernahmen seine Einteilungen und Gliederungen und nützten die angesammelten Topoi, Figuren, Muster als „Apparatus", zu deutsch als „Vorrat" für neue Erfindungen und Gestalten. Zugleich drängten sie immer wieder über die gegebenen Ordnungen hinaus und entwickelten die Tendenz, zu selbständigen Kunstgebilden eigenen Rechts zu werden. Eine romanische Krypta, ein gotischer Chor, das Kerbschnittmuster eines byzantinischen Turmdachs, ein Flügelaltar mit Heiligen und Stiftern, eine sechsstimmige Messe – sie alle folgen liturgischen Vorgaben, beachten Gegebenheiten der gottesdienstlichen Ordnung, der Ikonographie, des Festkalenders. Aber im gleichen Maß, in dem sie größer und komplexer werden und ihre Organisation sich differenziert und verfeinert, gehorchen sie auch eigenen inneren Regeln. Sie werden, im Wortsinn, „autonom".[26] Manchmal kommt es im Lauf der Entwicklung zu „Quantensprüngen" – so in der Musik; denn mehrstimmige Musik, polyphone Strukturen, hochentwickelte Instrumentalmusik hat die Antike nicht gekannt.[27] Manchmal

26 Karl Lehmann/Hans Maier (Hg.), Autonomie und Verantwortung. Religion und Künste am Ende des 20. Jahrhunderts, Regensburg 1995.
27 Thrasybulos Georgiades, Musik und Sprache (wie Kap. 6, Anm. 6).

sprengt das autonome Kunstwerk fast die Gefüge von Liturgie und Kirchenraum: Michelangelos Fresken in der Sixtina, Bachs h-moll-Messe, Beethovens Missa solemnis, Messiaens Orgelwerke. Es ordnet sich nur schwer ins Überlieferte, Gewohnte ein. Aber wüßten wir ohne solche Werke, mit welch ungeheuren, nie im voraus und nie endgültig zu bestimmenden Inhalten sich die Liturgie als Gotteslob zu füllen vermag?

In den neuzeitlichen Jahrhunderten verliert das Regelwerk der Liturgik seine anregende, organisierende Kraft. Bezeichnenderweise verfallen bald auch die ihm nachfolgenden ästhetischen Regeln. Das empfinden viele bis heute als Befreiung. Ein Gemeinplatz lautet: Was schön ist, lehrt uns nicht die Ästhetik, sondern die Kunst.[28] Doch das ist eine Halbwahrheit: Künstlerische Sprachen können verderben, das Mißlungene kann für schön erklärt werden, die Urteilskraft kann schwinden, wenn das Maß verloren ist.[29] Ohne eine noch so formale ästhetische Normativität, ohne einen Hauch von ‚Regeln‘ kann auch moderne Kunst nicht überleben. Mag sie dem Grotesken, Überdimensionalen, Übersinnlichen nachspüren, mag sie Leid, Enttäuschung, Entäußerung spiegeln, mag sie sich pathetisch in Distanz setzen zu Überlieferungen des Schönen: ohne ein Minimum an Kohärenz, ohne ein Minimum an Autarkie gegenüber erklärender Nachhilfe oder moralisch-sozialer Motivation von außen kommt sie nicht aus. Liturgik und Ästhetik sind Widerlager für den notwendigen Subjektivismus der Künste. Sie lehren die Kunst, „in Ketten zu tanzen" (Nietzsche). Fällt der Wi-

---

28 Ich habe diesen Satz in Freiburg 1952 sowohl von Martin Heidegger wie von Kurt Bauch gehört!

29 Wilhelm Hennis, Politik als praktische Wissenschaft, München 1968, 29.

derpart der ‚Regeln' weg, so bleibt nur das Prozeßhafte, Fließende, Werdend-Vergehende, Aleatorische übrig – zu wenig für einen Künstler, der „nicht würfelt", der ein Werk will und Dauer sucht.

Kein Zweifel, daß in der gegenwärtigen Welt – und vielleicht auch in einer postchristlichen Ära – christliche Impulse in den Künsten weiterwirken. Daß die Künste in der Befreiung von Regeln und Normen zur *Sache aller* werden, daß nun plötzlich „alle Kunst machen können" (Joseph Beuys) – das hat auch mit der Zeigefunktion des Bildes (und aller Künste!) im christlichen Zeitalter zu tun. Ebenso hat der christliche Blick auf „alle Menschen", auf das Alltägliche, Schmerzvolle, Häßliche, auf die „ganze Menschheit" anstelle des „höheren Menschen" neue Dimensionen in Kunst und Dichtung eröffnet. Insofern ist das Christentum in den heutigen „nicht mehr schönen Künsten" gegenwärtiger, als viele meinen.

Gewiß: die ungefilterte Expression, der krude Schrei, die Provokation, der Bruch mit Traditionen sind nur die eine Seite der christlichen Revolution, die mit der Welt auch die Künste verwandelt hat. Die andere ist es, den fleischgewordenen Logos immer wieder sichtbar zu machen – das zur Anschauung zu bringen, „was wir gesehen, gehört und mit Händen betastet haben vom Wort des Lebens".[30] Solches Sichtbarmachen sprengt, indem es in das Leid des Gekreuzigten das Leid aller Menschen einbezieht, gewiß die Gesetze überlieferter „maßvoller" Schönheit. Aber kann es post Christum natum noch ein Schönes geben, das nicht den Stempel des Wahren trüge?

---

30 1. Joh 1, 1.

Was verschwände mit dem Christentum?

Was verschwände mit dem Christentum? Nicht einfach ein Erbe, eine Überlieferung, etwas, was sich notfalls auch „säkularisieren" ließe, was auch in anderen Gestalten weiterleben könnte. Es verschwände ein Widerlager, ein Element des Widerspruchs, eine Kraft der Interaktion. Es verschwände die Europa und die moderne Welt kennzeichnende und prägende Dialektik von Kirche und weltlicher Ordnung. Die Gesellschaft würde sich – wie im Altertum – nur noch um eine einzige Achse bewegen. Einsprüche der Kirche gegen die Welt – und der Welt gegen die Kirche! – blieben wirkungslos. Das könnte entweder zu einem Zustand der Spannungslosigkeit und Langeweile führen, zu einer pragmatisch gedämpften Welt, in der niemand mehr „Unmögliches begehrt". Es könnten sich aber auch – und das ist wahrscheinlicher – neue Machtkonzentrationen bilden, wie wir sie in den modernen totalitären Regimen erlebt haben.

Am Anfang des 21. Jahrhunderts sind beide Möglichkeiten offen. Auch eine dritte Möglichkeit ist denkbar: daß sich das dialektische Wechselspiel von Kirche und Welt neu belebt. Religiöse und kulturelle Kräfte haben in jüngster Zeit nicht nur in der außereuropäischen Welt an Stärke gewonnen. In Europa suchen die Kräfte der Laizität und des Christentums nach einem Ausgleich. Die „totalitäre" Erfahrung (Karl Dietrich Bracher) zwingt zur Überprüfung alter Fronten. So könnten Kirche und Welt auch in der künftigen Geschichte aufeinander angewiesen sein.

Das Christentum ist nicht die Lösung aller Welträtsel. Es ist auch nicht einfach ein Fortschrittsprinzip, ein politisch-soziales Therapeutikum. Das Christentum ist ein Maßstab – für die Christen der Maßstab schlechthin. An ihm wird die Welt ihren Weg ermessen und die Christenheit ihre Treue gegenüber Gottes Wort.

Verzeichnis der zitierten Literatur

Altenburg Detlef/Jarmut Jörg/Steinhoff Hans-Hugo (Hg.), Feste und Feiern im Mittelalter, Sigmaringen 1991.

Anderson Margaret Lavinia, Windthorst. Zentrumspolitiker und Gegenspieler Bismarcks, Düsseldorf 1988 [2]1989).

Angelus Silesius, Cherubinischer Wandersmann (1675).

Aron Raymond, L'ère des Tyrannies d'Elie Halévy, in: Revue de Métaphysique et de Morale, 46 (1939).

Auerbach Erich, Mimesis, Bern 1946 u. a.

Augustinus, Confessiones.

Augustinus, De civitate Dei.

Augustinus, De genesi ad litteram.

Augustinus, De opere monachorum.

Bach Inka/Galle Helmut, Deutsche Psalmendichtung vom 16. bis zum 20. Jahrhundert, Berlin 1989.

Bacon Francis, Neues Organon, Teilband I, Hamburg 1990.

Bader Karl Siegfried, Das mittelalterliche Dorf als Friedens- und Rechtsbereich, Bd. 1, Weimar [3]1981.

Bader Karl Siegfried, Probleme des Landfriedensschutzes im mittelalterlichen Schwaben (1939), jetzt in: Bader, Ausgewählte Schriften zur Rechts- und Landesgeschichte, Bd. 3 (Schriften zur Landesgeschichte), Sigmaringen 1983.

Balling Karl, Die kulturschöpferischen Qualitäten des benediktinischen Mönchtums, Diss. phil., Heidelberg 1938.

Balthasar Hans Urs von, Herrlichkeit. Eine theologische Ästhetik, 7 Bde. Einsiedeln 1961–1969.

Balthasar Hans Urs von, Kleiner Diskurs über die Hölle, Ostfildern [2]1987.

Bauer Clemens, Bild der Kirche – Abbild der Gesellschaft, in: Bauer, Deutscher Katholizismus. Entwicklungslinien und Profile, Frankfurt 1964.

Belting Hans, Bild und Kult. Eine Geschichte des Bildes vor dem Zeitalter der Kunst, München 1990.

167

Benz Ernst, Nietzsches Ideen zur Geschichte des Christentums und der Kirche, Leiden 1956.

Berger Peter L., Sehnsucht nach Sinn. Glauben in einer Zeit der Leichtgläubigkeit, Frankfurt am Main [2]1995.

Berger Peter L., Auf den Spuren der Engel. Die moderne Gesellschaft und die Wiederentdeckung der Transzendenz, Freiburg [3]1996.

Berger Peter L., Erlösendes Lachen. Das Komische in der menschlichen Erfahrung, Berlin 1998.

Benz Ernst, Der Übermensch, Zürich 1961.

Bergmann W., Das Problem der Zeit in der Soziologie, in: Kölner Zeitschrift für Soziologie und Sozialpsychologie 35 (1983, 462–504).

Biser Eugen, ‚Gott ist tot'. Nietzsches Destruktion des christlichen Bewußtseins, München 1962.

Biser Eugen, Gottsucher oder Antichrist? Nietzsches provokative Kritik des Christentums, Salzburg 1982.

Blazovich Augustin, Soziologie des Mönchtums und der Benediktinerregel, Wien 1954.

Blüm Norbert/Zacher Hans F. (Hg.), 40 Jahre Sozialstaat Bundesrepublik Deutschland, Baden-Baden 1989.

Böckenförde Ernst-Wolfgang u. Spaemann Robert (Hg.), Menschenrechte und Menschenwürde, Stuttgart 1987.

Bödeker Hans Erich, Art. Menschheit, Humanität, Humanismus, in: Geschichtliche Grundbegriffe. Historisches Lexikon zur politisch-sozialen Sprache in Deutschland, hg. von Otto Brunner, Werner Conze, Reinhart Koselleck, Bd. III, Stuttgart 1982, 1063–1128.

Boehm Laetitia/Schönbeck Charlotte (Hg.), Technik und Bildung, Düsseldorf 1989.

Bogler Theodor (Hg.), Beten und Arbeiten. Aus Geschichte und Gegenwart benediktinischen Lebens, Maria Laach 1961.

Bonhoeffer Dietrich, Nach zehn Jahren (1943), in: Bonhoeffer, Widerstand und Ergebung, Neuausgabe Stuttgart/München 1986.

Borst Arno, Computus. Zeit und Zahl in der Geschichte Europas, Berlin ²1991.

Borst Arno, Die Astrolabschriften Hermanns des Lahmen, in: Arno Borst, Ritte über den Bodensee. Rückblicke auf mittelalterliche Bewegungen, Bottighofen 1992, 242–273.

Bosshart David, Politische Intellektualität und totalitäre Erfahrung. Hauptströmungen der französischen Totalitarismuskritik, Berlin 1992.

Bretschneider Hans Jürgen, Arzt und Naturwissenschaftler (= Bursfelder Universitätsreden), hg. von Lothar Perlitt, 8 (1989).

Brown Peter, The Body and Society. Men, Women and Sexual Renunciation in Early Christianity, New York 1988 (dt. unter dem Titel Die Keuschheit der Engel, München 1991).

Brown Scott James, The Spanish Origin of International Law, Oxford: Clarendon Press 1934.

Brüske Gunda, Anruf der Freiheit. Anthropologie bei Romano Guardini, Paderborn u. a. 1998.

Brugger Winfried/Huster Stefan (Hg.), Der Streit um das Kreuz in der Schule, Baden-Baden 1998.

Buchheit Vinzenz, Christliche Romideologie im Laurentius-Hymnus des Prudentius, in: Polychronion (Festschrift Franz Dölger zum 75. Geburtstag), Heidelberg 1966.

Burckhardt Jacob, Griechische Kulturgeschichte, hg. von Rudolf Marx (Kröner-Ausgabe), Leipzig 1929.

Cancik Hubert, Die Rechtfertigung Gottes durch den „Fortschritt der Zeiten". Zur Differenz jüdisch-christlicher und hellenisch-römischer Zeit- und Geschichtsvorstellungen, in: Die Zeit. Dauer und Augenblick, München/Zürich 1989, S. 257–288.

Chaix-Ruy Jules, Les dimensions de l'Être et du Temps, Paris 1953.

Cipolla Carlo M., Gezählte Zeit. Wie die mechanische Uhr das Leben veränderte, Berlin 1997.

Claudel Paul, Der Seidene Schuh oder Das Schlimmste trifft

nicht immer ein (übers. und mit einem Nachwort von Hans Urs von Balthasar), Salzburg [8]1957.

Conrad Hermann, Gottesfriede und Heeresverfassung in der Zeit der Kreuzzüge, in: Zeitschrift für Rechtsgeschichte, germ. Abt. 61 (1941).

Conze Werner, Art. Arbeit, Arbeiter, in: Geschichtliche Grundbegriffe. Historisches Lexikon zur politisch-sozialen Sprache in Deutschland, hg. von Otto Brunner, Werner Conze, Reinhart Koselleck, Bd. I, Stuttgart 1972, 154–215, 216–242.

Conze Werner, Gesellschaft – Staat – Nation. Gesammelte Aufsätze, hg. von Ulrich Engelhardt, Reinhart Koselleck und Wolfgang Schieder, Stuttgart 1992.

Corbon Jean, Liturgie aus dem Urquell, Einsiedeln 1981.

Cullmann Oscar, Der Staat im Neuen Testament, Tübingen [2]1961.

Cullmann Oscar, Jesus und die Revolutionäre seiner Zeit, Tübingen 1970.

Dahlheim Werner, Verwehte Spuren. Die antiken Wurzeln des modernen Europa, in: Deutsche Akademie für Sprache und Dichtung, Jahrbuch 1997, 111–122.

Dassmann Ernst, Christliche Innovationen am Beginn der Kirchengeschichte, in: Stimmen der Zeit, Juli 1995, 435–446.

Dedler Hermann, Vom Sinn der Arbeit nach der Regel des heiligen Benedikt, in: Benedictus. Der Vater des Abendlandes 547–1947, München 1947, 103–118.

Dehmel Richard, Gesammelte Werke in drei Bänden, Bd. 1, Berlin 1916.

Delp Alfred, Gesammelte Schriften, hg. von Roman Bleistein, 5 Bde., Frankfurt am Main, 1982–88.

Descartes René, Von der Methode, hg. von Artur Buchenau, Hamburg 1960.

Duroselle Jean-Baptiste, Les débuts du catholicisme social en France (1822–1870), Paris 1951.

Ehrhardt Arnold A. T., Politische Metaphysik von Solon bis Augustin, Bd. I, Tübingen 1959.

Eichhorn Karl Friedrich, Deutsche Staats- und Rechtsge-schichte, 2. Teil, Göttingen [5]1843.

Flasch Kurt, Was ist Zeit? Augustinus von Hippo. Das XI. Buch der Confessiones. Historisch-philosophische Studie, Frankfurt 1993.

Fleckenstein Josef, Die Gründung von Bursfelde und ihr ge-schichtlicher Ort (= Bursfelder Universitätsreden, hg. von Lothar Perlitt, 2), Göttingen 1983.

Franz von Assisi, Legenden und Laude, hg. und erläutert von Otto Karrer, Zürich 1945.

Galle Helmut/Bach Inka siehe unter: Bach.

Gegenwart Ewigkeit. Spuren des Transzendenten in der Kunst unserer Zeit, hg. von Wieland Schmied, Stuttgart 1990.

Georgiades Thrasybulos, Musik und Sprache, Berlin [2]1974 (Neudruck Tutzing 1977).

Gerl Hanna-Barbara, Die bekannte Unbekannte. Frauenbilder in der Kultur- und Geistesgeschichte, Mainz 1988.

Gerl-Falkovitz Hanna-Barbara, Es lebe doch der Unter-schied!? Zum Spannungsfeld Frau und Mann im Christen-tum, in: Auf dem Weg zum Heiligen Jahr 2000, Bd. 2: Auf-bruch ins Dritte Jahrtausend, hg. von Gerhard Ludwig Müller, Köln 1997.

Gernhuber Joachim, Die Landfriedensbewegung in Deutsch-land bis zum Mainzer Reichs-Landfrieden von 1235, Bonn 1952.

Geyer Martin H., Die Reichsknappschaft, München 1987.

Gilson Étienne, Notes sur l'être et le temps chez Saint Augu-stin, in: Recherches augustiniennes 2 (1962), 205–223.

Gnilka Joachim, Jesus von Nazaret. Botschaft und Ge-schichte, Freiburg [5]1997.

Goethe Johann Wolfgang v., Faust, Text, hg. von Albrecht Schöne, Frankfurt am Main 1994.

Grimm Jacob und Wilhelm, Deutsches Wörterbuch, Bd. 1 (1854, Neudruck 1984).

Groethuysen Bernhard, Die Entstehung der bürgerlichen Welt- und Lebensanschauung in Frankreich, Halle 1927, Neudruck Frankfurt/Main 1978.

Guardini Romano, Der Heilbringer in Mythos, Offenbarung und Politik. Eine theologisch-politische Besinnung, Stuttgart 1946.

Guyot Peter, Klein Richard, Das frühe Christentum bis zum Ende der Verfolgungen, Bd. 1: Die Christen im heidnischen Staat, Darmstadt 1993.

Hardo Trutz, Das große Handbuch der Reinkarnation, München 1998.

Heckel Martin, Das Kreuz im öffentlichen Raum. Zum „Kruzifix-Beschluß" des Bundesverfassungsgerichts vom 16. Mai 1995, in: Deutsches Verwaltungsblatt 1996, 453–482; auch in: Gesammelte Schriften, hg. von Klaus Schlaich, Bd. IV, Tübingen 1997, 1069–1136.

Heller Hermann, Europa und der Fascismus, Berlin-Leipzig 1929.

Heller Wolfgang, Orthodoxes Mönchtum, in: Kulturgeschichte der christlichen Orden, Stuttgart 1997, 297–312.

Hennig John, Literatur und Existenz. Ausgewählte Aufsätze, Heidelberg 1980.

Hennis Wilhelm, Politik als praktische Wissenschaft, München 1968.

Hildegard von Bingen, De operatione Dei, übers. von Heinrich Schipperges, Salzburg 1965.

Hockerts Hans Günter, Sozialpolitische Entscheidungen im Nachkriegsdeutschland, Stuttgart 1980.

Hoffmann-Loerzer Günter, Studien zu Hugo Grotius, München 1971.

Höffner Joseph, Kolonialismus und Evangelium. Spanische Kolonialethik im Goldenen Zeitalter, Trier 1969.

Hofmann Hasso, Nietzsche, in: Hans Maier u. a. (Hg.), Klassiker des politischen Denkens, München [5]1987, 276–295.

Holzherr Georg, Die Benediktsregel. Eine Anleitung zu christlichem Leben. Der vollständige Text der Regel, lateinisch-deutsch, Zürich/Einsiedeln/Köln [2]1982.

Hoye William J., Demokratie und Christentum. Die christliche Verantwortung für demokratische Prinzipien, Münster 1999.

Instinsky Hans Ulrich, Die alte Kirche und das Heil des Staates, München 1963.

Jaspers Karl, Nietzsche und das Christentum, Hameln 1946.

Jeismann Karl-Ernst und Lundgreen Peter (Hg.), Handbuch der deutschen Bildungsgeschichte, Bd. III (1800–1870), München 1987.

Kasper Walter, Die Lehre der Kirche vom Bösen, in: Stimmen der Zeit 196 (1978), 507 ff.

Kawerau Peter, Das Christentum des Ostens, Stuttgart 1972.

Kertelge Karl, Der Brief an die Römer, Düsseldorf ²1983.

Kirchschläger Walter, Die Anfänge der Kirche. Eine biblische Rückbesinnung, Graz-Wien-Köln 1990.

Klein Richard (Hg.), Das frühe Christentum im römischen Staat, Darmstadt 1971.

Klein Richard, Guyot Peter: siehe Guyot.

Koch P. Laurentius OSB, Christliche Kunst. Zur Genese und Klärung eines Begriffs, in: Begegnung. Hefte für den Dialog zwischen Kirche und Kunst, München 1/1995.

Krause Peter, Alterssicherung, in: Norbert Blüm/Hans F. Zacher (Hg.), 40 Jahre Sozialstaat Bundesrepublik Deutschland, Baden-Baden 1989, 431–445.

Kühnhardt Ludger, Die Universalität der Menschenrechte, Bonn ²1991.

Leclercq Jean, Aux sources de la spiritualité occidentale, Paris 1967.

Le Guillou Marie-Joseph, Das Mysterium des Vaters. Apostolischer Glaube und moderne Gnosis, Einsiedeln 1974.

Lehmann Karl/Maier Hans (Hg.), Autonomie und Verantwortung. Religion und Künste am Ende des 20. Jahrhunderts, Regensburg 1995.

Lehr Ursula, Alter, in: Norbert Blüm/Hans F. Zacher (Hg.), 40 Jahre Sozialstaat Bundesrepublik Deutschland, Baden-Baden 1989, 423–430.

Lobkowicz Nikolaus, Der „christliche Sinn" der Arbeit. Eine historische Skizze, in: Internationale Katholische Zeitschrift Communio 27 (1998), 193–204.

Locke John, Concerning toleration (um 1667).

Lohfink Gerhard, Wie hat Jesus Gemeinde gewollt? Freiburg u. a. 1982, Neuausgabe 1993.

Lohse Bernhard, Askese und Mönchtum in der Antike und in der alten Kirche, München 1969.

Löw Reinhard, Das philosophische Problem der ‚Natur an sich', in: ders. (Hg.), Biothetik, Köln 1990.

Lubac Henri de, Glaubensparadoxe, Einsiedeln 1972.

Luckmann Thomas, Lebenswelt und Gesellschaft. Grundstrukturen und gesellschaftliche Wandlungen, Paderborn/ München 1980.

Luckmann Thomas, Die unsichtbare Religion, Frankfurt am Main 1991.

Lübbe Hermann, Religion nach der Aufklärung, [3]1992.

Lübbe Hermann, Zeit-Erfahrungen. Sieben Begriffe zur Beschreibung moderner Zivilisationsdynamik (= Akademie der Wissenschaften und der Literatur Mainz, Abhandlungen der Geistes- und Sozialwissenschaftlichen Klasse, 5/ 1996), Stuttgart 1996.

Lübbe Hermann, Zeit-Verhältnisse. Zur Kulturphilosophie des Fortschritts, Graz 1983.

Maier Hans, Freedom and Equality in the Political Theory of the European Enlightenment and its Projection into the French Revolution. In: Freedom and Authority in the West. Ed. and with a Foreword by George N. Shuster, Notre Dame-London 1967, 127 ff.

Maier Hans, Der Wandel der Kunst und die Kirche, in: Internationale Katholische Zeitschrift (Communio) 12/1983, 179–188.

Maier Hans, Staat – Kirche – Bildung, Freiburg 1984.

Maier Hans, Revolution und Kirche, Freiburg i.Br. [5]1988.

Maier Hans, Überlegungen zu einer Geschichte der Menschenrechte, in: Peter Badura/Rupert Scholz (Hg.), Wege und Verfahren des Verfassungslebens (FS Peter Lerche), München 1993.

Maier Hans, Eine Kultur oder viele? Politische Essays, Stuttgart 1995.

Maier Hans (Hg.), Das Kreuz im Widerspruch, Freiburg 1996.

Maier Hans, Wie universal sind die Menschenrechte? Freiburg 1997.

Maier Hans, Die christliche Zeitrechnung, Freiburg [4]1999.

Maier Vitalis und Franzel Emil, Europa und die benediktinische Geistigkeit, Ottobeuren 1980.

Meier-Koll A., Chronobiologie, München 1995.

Meyer-Abich Klaus Michael, Wege zum Frieden mit der Natur, München/Wien 1984.

Meyer-Abich Klaus Michael, Aufstand für die Natur, München/Wien 1990.

Mikat Paul, Bemerkungen zur neutestamentlichen Sicht der politischen Herrschaft, in: Begegnung mit dem Wort (Festschrift H. Zimmermann), Bonn 1980.

Mikat Paul, Art. Kirche und Staat, in: Staatslexikon, hg. von der Görres-Gesellschaft, 7. Aufl., Bd. III, Freiburg 1987, Sp. 468 ff.

Moody Joseph N. (ed.), Church and Society. Catholic Social and Political Thought and Movements 1789–1950, New York 1953.

Moser Dietz-Rüdiger, Bräuche und Feste im christlichen Jahreslauf. Brauchformen der Gegenwart in geschichtlichen Zusammenhängen, Graz-Wien-Köln 1993.

Newton Isaac, Philosophiae naturalis principia mathematica, London 1726.

Niedermann Joseph, Kultur. Werden und Wandlungen des Begriffs und seiner Ersatzbegriffe von Cicero bis Herder, Firenze 1941.

Nietzsche Friedrich, Also sprach Zarathustra (1883–1885).

Nietzsche Friedrich, Jenseits von Gut und Böse (1886).

Nietzsche Friedrich, Zur Genealogie der Moral (1887).

Nietzsche Friedrich, Der Antichrist (1888).

Nietzsche Friedrich, Ecce homo (1889), ersch. 1908.

Oberlinner Lorenz, Vögtle Anton: siehe Vögtle.

Ottmann Henning, Philosophie und Politik bei Nietzsche, Berlin 1987.

Pagels Elaine, Adam, Eve, and the Serpent, New York 1988 (dt. Adam, Eva und die Schlange, Reinbek 1991).

Peterson Erik, Was ist der Mensch? in: Peterson, Theologische Traktate (1951), Neuausgabe Würzburg 1994.

Pieper Josef, Zustimmung zur Welt. Eine Theorie des Festes, ²1964.

Preußisches Allgemeines Landrecht (1794).

Prinz Friedrich, Frühes Mönchtum im Frankenreich, München-Wien 1965.

Prinz Friedrich, Askese und Kultur. Vor- und frühbenediktinisches Mönchtum an der Wiege Europas, München 1980.

Rahner Hugo, Kirche und Staat im frühen Christentum, München 1961.

Rahner Karl, Fegefeuer, in: Schriften zur Theologie XIV, Zürich u. a. 1980, S. 435–449.

Rammstedt O., Alltagsbewußtsein von Zeit, in: Kölner Zeitschrift für Soziologie und Sozialpsychologie 27 (1975), 47–63.

Ratzinger Joseph, Volk und Haus Gottes in Augustins Lehre von der Kirche, München 1954.

Rebstock P. Bonaventura, S. Benedikt der Beter, in: Vir Dei Benedictus. Eine Festgabe zum 1400. Todestag des heiligen Benedikt, hg. von Raphael Molitor, Münster 1947, 61–82.

Regula Benedicti – Die Benediktusregel, lat./dt., hg. im Auftrag der Salzburger Äbtekonferenz, Beuron 1992.

Reibstein Ernst, Die Anfänge des neueren Natur- und Völkerrechtes, Freiburg-München 1949.

Reifenberg Hermann, Fundamentalliturgie, 2 Bde., Klosterneuburg 1978.

Rio Alexis F., De l'art chrétien, Paris 1836.

Ritter Emil, Die katholisch-soziale Bewegung in Deutschland im 19. Jahrhundert und der Volksverein, Köln 1954.

Ritter Gerhard A., Der Sozialstaat. Entstehung und Entwicklung im internationalen Vergleich, München 1989.

Rohner Ludwig, Kalendergeschichte und Kalender, Wiesbaden 1978.

Rordorf Willy, Ursprung und Bedeutung der Sonntagsfeier im frühen Christentum, in: Liturgisches Jahrbuch 31 (1981).

Rück Peter, Die Dynamik mittelalterlicher Zeitmaße und die mechanische Uhr, in: Möbius Hanno/Berns Jörg Jochen (Hg.), Die Mechanik in den Künsten. Studien zur ästhetischen Bedeutung von Naturwissenschaft und Technologie, Marburg 1990.

Sauer Joseph, Symbolik des Kirchengebäudes und seiner Ausstattung in der Auffassung des Mittelalters, Freiburg [2]1924 (Neudruck Münster 1964).

Savramis Demosthenes, „Ora et labora" bei Basilios dem Großen, in: Kyrios. Vierteljahresschrift für Kirchen- und Geistesgeschichte Osteuropas VI (1966), 129–149.

Scheler Max, Das Ressentiment im Aufbau der Moralen, in: Vom Umsturz der Werte (= Gesammelte Werke Bd. 3), Bern [4]1955.

Scheler Max, Christentum und Gesellschaft, Gesammelte Werke, Bd. 6, Schriften zur Soziologie und Weltanschauungslehre, [2]München/Bern 1963, 3. durchges. Auflage 1986.

Schenke Ludger, Die Urgemeinde. Geschichtliche und theologische Entwicklung, Berlin-Köln 1990.

Schleich Thomas, Philosophische Gesellschaften (sociétés de pensée), aufklärerische Kirchenkritik und die Ursprünge der Französischen Revolution, in: Hans Maier u. Eberhard Schmitt (Hg.), Wie eine Revolution entsteht. Die Französische Revolution als Kommunikationsereignis, Paderborn 1988.

Schlier Heinrich, Die Zeit der Kirche, Freiburg [5]1972.

Schmid Karl, Die Gemeinschaft der Lebenden und der Verstorbenen in Zeugnissen des Mittelalters, Frühmittelalterliche Studien I (1967).

Schmid Karl (Hg.), Reich und Kirche vor dem Investiturstreit. Gerd Tellenbach zum achtzigsten Geburtstag, Sigmaringen 1985.

Schnabel Franz, Deutsche Geschichte im 19. Jahrhundert, 3. Bd.: Erfahrungswissenschaften und Technik, Freiburg [3]1950.

Schnackenburg Rudolf, Die sittliche Botschaft des Neuen Testamentes, München [2]1962.

Schubert Venanz (Hg.), Der Mensch und seine Arbeit. Eine Ringvorlesung der Universität München, St. Ottilien 1986; hierin u. a.:
– Christian Meier, Arbeit, Politik, Identität. Neue Fragen im alten Athen?
– Wilfried Stroh, Labor improbus: Die Arbeit im antiken Rom.
– Pannenberg Wolfhart, Fluch und Segen der Arbeit.

Schultz Uwe (Hg.), Das Fest. Eine Kulturgeschichte von der Antike bis zur Gegenwart, München 1988.

Schutz Frère Roger, Ta fête soit sans fin, 1971.

Seckendorff Veit Ludwig von, Christen-Stat, Leipzig 1685.

Severus P. Emmanuel von, „Ora et labora". Gedanken zu einer „benediktinischen Devise", in: Theodor Bogler (Hg.), Beten und Arbeiten, Maria Laach 1961.

Sprandel Rolf, Die Geschichtlichkeit des Naturbegriffs. Kirche und Natur im Mittelalter, in: Hubert Markl (Hg.), Natur und Geschichte (Schriften der Carl Friedrich von Siemens Stiftung 7), München/Wien 1983, S. 237–261.

Stein Edith, Keine Frau ist ja nur Frau. Texte zur Frauenfrage, hg. und eingeleitet von Hanna-Barbara Gerl, Freiburg 1989.

Steinbach Franz, Der geschichtliche Weg des wirtschaftenden Menschen in die soziale Freiheit und politische Verantwortung (= Arbeitsgemeinschaft für Forschung des Landes Nordrhein-Westfalen, Heft 15), Köln-Opladen 1954, 5–51.

Straub Johannes, Vom Herrscherideal in der Spätantike, 1939, Neudruck Stuttgart 1964.

Strobel August, Texte zur Geschichte des frühchristlichen Osterkalenders, Münster/Westfalen 1984.

Tellenbach Gerd, Libertas. Kirche und Weltordnung im Zeitalter des Investiturstreites, Stuttgart 1936 (Neuausgabe 1996).

Thurn Hans-Peter, Kulturbegründer und Weltzerstörer, Stuttgart 1990.

Troeltsch Ernst, Die Soziallehren der christlichen Kirchen und Gruppen, Tübingen 1919.

Viseux Dominique, Das Leben nach dem Tod in den großen Kulturen, München [2]1995.

Voegelin Erich (später Eric), Die politischen Religionen, Wien 1938, Stockholm [2]1939 (neu hg. von Peter J. Opitz, München 1993).

Vögtle Anton, Oberlinner Lorenz, Anpassung oder Widerspruch. Von der apostolischen zur nachapostolischen Kirche, Freiburg-Basel-Wien 1992.

Weber Max, Wirtschaft und Gesellschaft (1921), Kap. V (Religionssoziologie); hier zit. nach der 5. revidierten Auflage, hg. von Johannes Winckelmann, Tübingen 1976.

Welte Bernhard, Nietzsches Atheismus und das Christentum, Darmstadt 1958.

Wengst Klaus (Hg.), Diognetbrief (Schriften des Urchristentums, Bd. 2, München 1984).

Werfel Franz, Zwischen oben und unten, Stockholm 1946.

Wiegelmann Günter (Hg.), Wandel der Alltagskultur seit dem Mittelalter, Münster 1987.

Wollasch Joachim, Mönchtum des Mittelalters zwischen Kirche und Welt, München 1973.

Zeichen des Glaubens – Geist der Avantgarde. Religiöse Tendenzen in der Kunst des 20. Jahrhunderts. Hg. von Wieland Schmied, Stuttgart 1980.

Zemanek Heinz, Kalender und Chronologie. Bekanntes & Unbekanntes aus der Kalenderwissenschaft, München [4]1987.

Zender Hans, Alternativen zur Zeitvorstellung der europäischen Musik (Vortrag in der Bayerischen Akademie der Schönen Künste am 21.4.1998).

Personenregister

Sachregister

Zeit-Profil

Hans Maier
Die christliche Zeitrechnung
Band 4018

„Eine kompakte Darstellung, die eine Wissenslücke füllt"
(Wiener Zeitung).

Hans Maier
Wie universal sind die Menschenrechte?
Band 4557

Ein kontroverses Thema, geklärt im Blick auf Geschichte und heutige
Interessenkonflikte.

Hans Maier
Politische Religionen
Die totalitären Regime und das Christentum
Band 4414

Die Geschichte des 20. Jahrhunderts zeigt: Politik und Religion gingen
eine gefährliche Verbindung ein. Welche Konsequenzen ergeben sich
daraus?

Menschen im Jahr 1000
Ein Lesebuch hrsg. von Franz-Josef Brüggemeier
und Gerhard Hoffmann
Band 5514

Zur Jahrtausendwende ein Blick zurück – in das Herz und das Bewußtsein der Menschen, die zur ersten millenarischen Wende lebten, vor
1000 Jahren.

Margo Westrheim
Kalender der Welt
Eine Reise durch Zeiten und Kulturen
Band 4780

Erstaunliche Fakten – von Stonehenge bis zu den Azteken, von den
Navahos bis zu unserer modernen Zeitrechnung. Mit einem Überblick,
wie die „heiligen" Zeiten in den verschiedenen Kulturen gefeiert werden.

HERDER / SPEKTRUM